U0736053

强强谈教育

用细节成全生命

方君强 ◎ 著

天津出版传媒集团

天津人民出版社

图书在版编目（CIP）数据

强强谈教育：用细节成全生命 / 方君强著 . -- 天
津：天津人民出版社，2021.9
ISBN 978-7-201-17581-2

Ⅰ . ①强… Ⅱ . ①方… Ⅲ . ①教育工作－文集 Ⅳ .
① G4-53

中国版本图书馆 CIP 数据核字 (2021) 第 170796 号

强强谈教育：用细节成全生命
QIANGQIANG TAN JIAOYU:YONG XIJIE CHENGQUAN SHENGMING

方君强　著

出　　版　天津人民出版社
出 版 人　刘　庆
地　　址　天津市和平区西康路 35 号康岳大厦
邮政编码　300051
邮购电话　（022）23332469
电子信箱　reader@tjrmcbs.com

责任编辑　谢仁林
封面设计　顽瞳书衣

制版印刷　天津雅泽印刷有限公司
经　　销　新华书店
开　　本　710 毫米 ×1000 毫米　1/16
印　　张　14.25
字　　数　218 千字
版次印次　2022 年 1 月第 1 版　2022 年 1 月第 1 次印刷
定　　价　58.00 元

版权所有　侵权必究
图书如出现印装质量问题，请致电联系调换（022-23332469）

序

每周一篇，经年累月，呈现的是文字，记录的是故事，蕴含的是情怀，留下的是思索。

大凡了解基础教育的人都知道，中学校长的角色有多重：学校的管理者、教育的掌舵人、社会活动家等，他所面临的压力是巨大的，包括安全压力、升学压力、发展压力等。在繁杂琐碎的工作中，能以宁静的心态写出一篇篇充满深沉思考的文章，实属不易，也可从中看到作者对教育、对学校、对学生的用心之切、用情之深。

《强强谈教育：用细节成全生命》共计70余篇文章，内容涉及学校管理、学生发展、教学质量、团队建设、家庭教育、家校合作、自我修养等方方面面，看似散而不成体系，实则聚而指向"立德树人"这一教育的根本目的。今年初，有幸到作者任职的兰溪市第五中学调研，再通观这一则则教育随笔，更使我对其坦诚而执着的教育追求有了一定的认知。

一是以学生发展为中心。"为学生终身发展奠基"是兰溪市第五中学的办学理念，如何让这一理念落实到学校教育的各个环节，作者是花了心思的。如倡导"做优秀的自己，把成功当作副产品"，避免只看当下成绩而不计长远发展的急功近利；提出"教师最好，学生最亲"的口号，确立"良好的师生关系是最好的教育"的观念；从给花草、蔬菜浇水一事中悟出育人的真谛等。可以说，以学生为中心，"为学生终身发展奠基"的理念，是贯穿于本书始终的。

二是为提质减负辟新路。普通高中始终绕不开"高考""分数""升学率"等话题，高考结果是很多人评价普通高中办学质量的唯一标准，于是，"提质"和"减负"似乎成为一对难以克服的矛盾。可喜的是，在作者的主导下，该校进行了以精细化时间管理提高课堂效率、作业校本化、作业考试化与考试作业化等一系列教学改革行动，把更多的时间还给了学生，效果明显，开辟了一条提质减负的新路子。

三是以集思广益凝共识。通常学校的一些管理规定、行为规范是由管理层决定的，学生是不参与制定过程的，他们只是各种规定的服从者、践行者。兰溪市第五中学"十德"的凝练别出心裁，由学生提出多种德行要求，教师、家长和学生共同投票确定。这既体现了学生的主体角色，使其担起自主管理责任；又汇聚了教师和家长的智慧，形成共识，便于落实。

四是让学生轻装赴考场。"高考是一场约会，一场不能拒绝的约会。请把自己打扮得清清爽爽去赴约，把自己的心绪收拾妥当，轻装上阵，轻轻松松地、真心诚意地去约会""高考是人生考试的一次试笔，是人生舞台的一次现场直播，这里没有所谓的输和赢，有的是自我的展示，以及自我的尽情发挥"等认识，这对于学生心理的减压、焦虑的释放，远比那些高考倒计时的催促、高考誓师大会的鼓动更显温馨，更有关怀感。校长对高考的泰然会给教师以平常心，会给学生以心理衬托。

五是携手同侪建设团队。一个校长对于一所学校来说固然重要，但一个好校长更应多关注教师团队的建设。建设教师团队事涉各方面内容，作为校长无疑是这一团队建设的设计者和领头人。本书多处体现了作者团队建设的理念，如"教会同伴，超越自己，团队格局才是大格局"，是团队建设的品位；"教师节是教师的节日""把时间还给老师，把空间还给老师，让老师做自己最喜欢的事儿，让老师和自己最喜欢的同事在一起，过最快乐的节日"，是对同人的尊重；"阅读有用为当下，阅读无用为大用"，则是对同人专业精进的期许。

六是家校合作共同育人。教师与家长是孩子共同的教育者，尽管教师的责任重在"教"，家长的责任重在"养"，但对于学生来说，成长的环境不是单一的学校环境或家庭环境，家庭可以说是学生不可脱离的成长场域。家校合作、同向同行、共同培育孩子，是学生健康成长的重要条件。由此，学校要担当起指导家庭教育的责任，书中所说的"教育是唤醒，父母要示范。教育不是改变，而是帮助成长""只有不断学习才能对得起孩子，父母改变，孩子才能改变""家庭教育要多一些诗和远方",等等,都是满怀真情的建议,可谓用心良苦。

　　任何作品,作者的写作都是全景全情的,而读者的理解总是难以全面的。上述这些认识不足以涵盖本书所反映的全貌,也没有表达出我阅读本书的所有感受,希望本书的读者对作者的办学理念、教育情怀有更全面、更深入的理解。

　　我一直觉得,为书作序乃是学问大家之事,非我所能为,但感念于作者的真情相邀,写下上述文字,与其说是序言,倒不如说是感想。

　　是为序。

蔡志良

2021 年 2 月

　　（序言作者系教育部"国培计划"专家、浙江省伦理学会副会长、浙江省中学政治教学研究会副会长,浙江师范大学教授）

目 录

第一篇 致家长：什么样的父母受欢迎

第二篇 亲爱的孩子，高中没有那么累

第三篇　致管理层：学校建设面面观

第四篇　致教育同人：携手共进

第五篇　强强小茶馆

第一篇

致家长：什么样的父母受欢迎

不断学习，争当合格父母

相信很多学生家长都会有许多证书，如执业医师证、律师资格证、教师资格证、会计证、税务师资格证、房产证、保安证、驾驶证、结婚证，甚至离婚证，等等。那么，请问你有合格的家长证书吗？我想，天下的父母都没有这个证书。只有通过不断学习，家长才能对得起孩子。要知道，父母改变，孩子才能改变。

一、不要为了学习而学习，要做学习的老板

首先要清楚主动学习与被动学习之间的区别。直白地说，这种关系就像做老板自己干活和工人为老板干活。老板为自己干，那么就是我要学；员工为老板干，那么就是要我学。其次要清楚怎么学。工人按时上下班，学习是任务，也产生不了主动性；老板上下班时间不固定，休息时间自由，但学习具有主动性。他们各自的体验又是怎样的？其实老板的工作时间通常比工人多很多，其工作体验也更深，幸福感会更强。因此，幸福感和体力上的辛苦与否以及工作时间上的长短，并没有必然的联系。

因此，孩子晚上学习时间长点儿，周末多学点儿，家长不要盲目地同情和怜悯。时间长不一定累，周末学不一定辛苦，只要你愿意学，就能获得幸福感。那么对于学习结果，我们该持怎样的态度呢？工人领取工资，老板拥有剩余价值，付出和回报成正比，是社会能量守恒。千万不要干着员工的事儿，投入着工人的工作时间，却记挂着拥有老板那样的剩余价值，如此一来只会让自己失望。长此以往，不切实际的幻想会让你失去希望。老板的钱不

是发工资时才赚足的，而工人的钱是发工资时才攒够的。同理，成绩不是考试的时候才有的，分数应是日积月累地专注于学习得来的。

所以，对待学习，要让孩子像老板做项目一样事先谋划好，然后再具体执行。有人指出，不是人人都具备当老板的能力的，这话说得不错，但是人人都要对学习有规划，即使规划得不够好也要先学着去做。学生时代就想着轻松，日后恐怕很难成为一个优秀的人。

二、人是环境的产物，父母不要挑战孩子的人性

近朱者赤，近墨者黑。看到东西想吃，看到电视想看，看到手机想玩儿，看到枕头想躺，看到床想睡，这是人性使然。

所以，周末不准孩子玩手机，那是挑战人性。而学生留在学校能看书，留在阅览室想做题，这不是因为学校比家更好，也不是老师比家长更能干，而是环境对人的影响产生的效果。如果你家的氛围也像学校一样，有同伴学习，有父母专心阅读，有人答疑，那么你的孩子在家里也会比其他家庭的孩子更积极向学。父母与其去埋怨孩子周末在家没认真读书，埋怨自己没有能力去教育孩子，不如进行一些理性的思考，给孩子创造一个良好的环境。看书阅读的环境，同伴互学的氛围，胜过你的千叮万嘱。别担心孩子学习会吃不消，更别担心连续学习会致使孩子劳累。累了孩子自己能调整，吃不消了孩子自己会休息。就像孩子饿了会去找东西吃，困了会去找地方睡觉一样，这是人类最基本的需求，作为高中生的孩子，更无须你担心。还是那句话，家长千万不要做无谓的怜悯和同情。

为什么军队最有战斗力？为什么修行者最专注？因为他们能坚持。水滴石穿、绳锯木断，就源于一直坚持去做一些困难的事。天天坚持，时时坚持，甚至做到分秒必争，才能更优秀。

三、教育需唤醒，父母要做示范

教育不是改变孩子的一些自然属性，而是帮助学生成长，点燃学生的激

情，是一棵树摇动另一棵树，一朵云推动另一朵云，一颗心唤醒另一颗心。16 岁之后的孩子会更有自己对这个世界的看法，父母几乎无法用说教改变孩子，只能用行为感动孩子。父母只有改变自己才能感动孩子，所以父母要尽量让自己变得更努力、更好学、更积极向上、更激情满满，才能感动孩子。行动是具有感染力的，孩子能感受到父母对工作更投入，能体验到家庭更温馨，能体会父母更恩爱。16 岁之后的孩子，要的是父母的改变、真心的交流、积极的示范，并非没完没了的语言侵犯——这不是教育，而是伤害。

稻盛和夫在《活法》中讲到，想要达到高手的境地，如果缺乏正确的精进策略，是不可能达到的。我们要从内心喜爱自己的工作（学习），并付出不亚于任何人的努力，全神贯注地投身于工作（学习）中，通过这条道路——也只有通过这条道路，我们才能懂得人生的意义和价值，磨炼我们的心志，提升自身素养，领悟人生的真谛。

和孩子成长相关的故事

我想讲几个故事，这几个故事各有侧重点，但主旨一致。我们的家长许多年前也是个可爱的孩子，我们的孩子多年后也会成为孩子的家长。看看眼前，想想以后，让我们来共同赏析以下四个故事。

故事一：《扁鹊三兄弟》

魏文侯曾问扁鹊："你们兄弟三人都是名医，哪一位的医术最好呢？"扁鹊说："大哥最好，二哥次之，我又次之。"魏文侯说："为何你的名声最大呢？"扁鹊答："我的大哥治病，善于在病情发作之前疗治，因为一般人不知道他能事先根除病因，所以他的名气无法传扬出去，只有我们家的人才知道；我的二哥为人治病，是在病情初起时就能药到病除，一般人以为他只能治轻微的小病，所以他的名气也只传于乡里；而我治病，是在病情严重时，一般人都看到我在经脉上针灸放血、在皮肤上敷药动刀等大手术，以为我医术高明，因此我的名气也就传遍全国了。"

不知各位家长听了这个故事后，想到了什么？孩子又在想什么？我听完的感触是：当你听到谁家的孩子多努力，谁家的孩子做了多少试卷，读了多少书时，要明白那不一定是适合你家孩子的学习方式。还有今天某同学第一个交作业，考试得了第一名；明天某某同学第一个完成课文背诵；后天看到某某同学的说题视频特别精彩等，这些被老师发在群里的真实例子，老师希望这些能够成为孩子们的榜样。但事实上，家长不需要把这些榜样当成最低标准来要求孩子，也不能因此否认自己孩子的努力。所以，从朋友和其他家长那边传递来的信息，家长听到后不要着急地作为标准来要求自己孩子。自己的孩子自己应该最了解，对于学习要求，一定要和孩子探讨之后形成自己的标准，并且在执行的过程中根据实际情况进行调整。什么样的情况适合什么样的孩子，作为家长一定要把握准。

故事二：《零碎时间》

有个徒弟以为自己学艺已成，自信满满地来向老师告辞。老师拿出一个杯子，里面装满了石头，问："满了没有？"

徒弟回答："满了。"

老师把一些细小的碎石放进去，再问："满了吗？"

徒弟说："满了。"

老师又抓了一把沙子放进去，问："满了吗？"徒弟迟疑了一下，仍说："满了。"

最后，老师加入一碗水，问："满了没有？"其实，在水中还可以再融入氧气。

与学习一样，时间的利用率也是没有上限的。千万别说孩子们已经够努力了，所有的时间都利用了。有时候，因生活的需要，我们不得不将时间分割成零碎片段。例如：为了吃饭，我们得花时间去买菜、洗菜、烹煮、洗碗；为了睡觉，我们得花时间打扫房间、整理床铺，有时候躺下来，还会辗转反侧，无法立即成眠。在一天中，如果我们将每天吃饭、睡觉、走路、上厕所、发呆、洗澡的时间全部扣除，还会剩下多少时间呢？

孩子们的计划未执行的部分占比是多少？用于学习的平均时长又是多少呢？他们对昨天所有的时间有记录吗？用于每一门学科的时间各有多少？昨天上课之外的时间他们又做了什么呢？如果你和孩子都回答不全，请一定记住：时间管理的第一步，要从记录一天的时间支配开始。只有先掌握了时间都用在了什么地方，才能有针对性地制定合理计划；第二步，制定时间表、进度条。让任务可视化，家长有必要知道，以便监督孩子合理利用时间。

故事三：英国运动员雷德蒙

1988 年，雷德蒙在汉城奥运会 400 米比赛开始前两分钟被迫弃权。1992 年，在西班牙巴塞罗那奥运会之前，雷德蒙接受了 4 次手术，直到开赛前 4 个月，他才重返训练场。在巴塞罗那，雷德蒙表现得很好，在第一轮比赛中，他名列第一，并且进入半决赛。

半决赛比赛中，雷德蒙的起跑很不错，在离终点还有 175 米的时候，他的右腿旧伤复发，大腿肌肉撕裂，导致无法站立，倒在赛场上。当他看见医护人员拿着担架朝他奔来的时候，他下决心一定要完成比赛。他跳着站起来，强忍着疼痛，一跳一拐地慢步向前。这个时候，在看台上为雷德蒙加油的父亲看着儿子再次受伤，也忍不住跳下看台，冲过警卫线，跑到雷德蒙面前。父子两人慢慢地搀扶着走向终点。就在离终点不远处，父亲放手让儿子自己通过了终点线。现场 65000 名观众被这画面所感动，所有人都起立为这位坚守奥林匹克精神的运动员鼓掌致敬。

各位家长及亲爱的孩子们，何为成功？赢得对手是成功，超越同伴是成功，而雷德蒙虽然没有战胜对手，却赢得了全场观众的掌声，是因为他战胜了自己，是生命的王者。十年寒窗终须过，默默无闻是常情，也许冠军家庭不一定是我们，也不会有掌声和鲜花给我们，但是我们一定要用自己的方式，用坚韧不拔的毅力，行走在属于自己人生的道路上，不为别人，只为建设好自己，只为美好的家庭。

故事四：来自卡耐基的《人性的优点》

史蒂芬·李高科曾如此写道：当人们年纪尚幼时，总习惯将"等我长大以后"挂在嘴边；可是当他们年纪渐长，成为大孩子之后，却又总是习惯将

"等我长大成人之后"挂在嘴边；等到他们终于成年，则又会把"等我结婚之后"挂在嘴边。那么，等到有一天，结婚也成为现实之后，又会如何呢？很显然，他们挂在嘴边的话或许会变成"等我退休之后……"，最后，终于到了退休的那一天，回过头看看自己的一生，仿佛一道凛冽的寒风吹过，一无所获。这究竟为什么呢？我们该怎样引导孩子过好这一生呢？

借用罗伯·斯蒂文森的一句话：从此刻一直到我们上床睡觉，不管有多么繁重的任务，每个人都是能够支持到夜晚来临的；不管工作多么辛苦，每个人都能坚持到将一天的工作完成，并且能够耐心地、开心地怀抱着充满爱的心情等到太阳下山。生命的真谛就在于此，人生也该如此去奋斗。

家有高三生：如何督促孩子学习

在特殊时期，学校为了让教学顺利进行，就开展了线上教学活动。为了了解线上教与学的情况，学校给高三学生发了一份包含几个小问题的问卷：

1. 在家学习碰到的一些小困难是什么，你准备怎么解决？
2. 在家学习与在学校学习相比，其优势是什么，你怎么发挥这一优势？在家学习最大的不足是什么，怎么解决？

针对第一题，孩子们的答案各不相同，饮食、运动、关系处理……林林总总，五彩纷呈。总之，孩子们在家里学习时，也在认真体验、认真思考、积极成长。

第二题，对于在家学习的优势，孩子们认为在学习安排上，更有自主性，更接近自己真实的需要；有更多时间可以自由安排，便于查漏补缺；查阅方便，不懂的问题可及时搜索，可以根据实际需要安排学习进度；不懂的可以再学，可以回放……但对于在家学习的不足，孩子们说的就比较统一——90%以上的孩子都说，线上学习好孤独，学习全靠自己，感觉力不从心。说到底，还是自我控制能力不够，觉得自己不够努力，学习效率不够高。为什么孩子们会有这种感觉呢？难道绝大多数的孩子都不够自觉，学习效率都不高吗？事实肯定并非如此。因为孩子学习的效率和自觉程度都是相对而言的，比例不可能有那么高。面对孩子们的这种错觉，家长与老师们又该注意些什么呢？了解到各方面的想法后，我认为有以下四个方面应该注意：

一、培养孩子线上学习的能力

我们家校应有共识，每一个学生都是信息化学习的土著，他们对于线上学习能做得更好；家校共同努力让学生坚信自己就是一个能够专心进行线上学习的人；学校老师要有网上开课的经验。如果想让孩子远离线上学习的忧虑，家校形成共同认知很重要。

二、不要让孩子有太大的学习压力

家长要让孩子努力做好自己，不比较，不计较。因为他们在学校与同学当面比的方方面面已经够多了，现在有机会能在家独自学习了，他们只要做好自己就是最棒的。不要让孩子为看不见的东西而担心，不要为不存在的东西而恐惧，用卡耐基的话来说，99%的你所烦恼的事情都是不会产生的。还有这样一句经典的哲语：今天就是你昨天焦虑的明天。你昨天的焦虑今天应验了吗？明天还会产生吗？从科学上讲，当大脑感到压力很大的时候就会自动储备能量，也就是说，压力一大，分给个体专注的能量就会减少，就更难专注于工作、学习了。在临近重要考试，或临近某一任务截止日期的时候，你会特别慌乱、没法儿专注就是这个原因。老师、家长调整好自己的心态，然后让孩子做好调整，一样重要。

三、在孩子自觉学习和高效学习方面给予有效评估工具

从老师方面讲，要给孩子明确的学习任务和学习要求，并且在布置学习任务和要求的时候，要了解线上教学节奏快、容量大的相关特点。比如，明确学生的作业时间和内容，如果孩子在规定的时间内完成了作业，孩子会自然认为他的学习是高效的；对学生线上的自修情况进行打卡，每隔几天公布一次，孩子们会发现他的学习是自觉的；请孩子们记录在家中各个时间段所做的事情，统计学习的时间，自然会促进孩子在学习上更加自觉和高效……

好方法很多，但我们要记住：所有的方法都是为了促进孩子学习，为了有效地实现自我评估而不是监督与批评。其实，线上学习是一个全新的开始，也会是一个短暂的过程。在这一过程中，孩子们的学习也不会有特别大的差异。只要学习任务清晰，只要孩子自信，我们就无须太担心。

四、给孩子一些空间

家长不要轻易给孩子贴任何标签，如不专心、不努力、控制不了自己等。即使孩子真的有些不努力，你给他贴标签也无济于事，所以要守住不贴标签的底线。对孩子来说，父母是最重要的人，在平时的沟通中，父母一定要给孩子留有足够的空间。孩子只有自由才能自主，只有自主方能自觉。

另外，线上教学容量大、节奏快、方式新，老师和家长都要有足够的耐心，尤其别把焦虑情绪传递给孩子。

不妨一事一爱

常听到父母对孩子说一些套话，诸如：我们肯定是爱你的，我们做什么事儿都是为了你好，这一辈子只希望你健康有出息，别无他求，等等。但父母说这么多，孩子们感受到的却不是爱，而是一座座以爱之名压在身上的大山。即使父母倾其所有为孩子付出，孩子也会觉得父母不仅不爱他，反而是在逼他，阻碍他成长。

要知道，父母也是第一次做父母，他们虽然爱孩子，但有时也会犯糊涂。韩愈在《师说》中写道："爱其子，择师而教之；于其身也，则耻师焉，惑矣。""惑"就是糊涂的意思，韩愈告诉我们，父母对孩子的爱一定要让孩子乐意接受，而且能身体力行地进行示范，如此才是聪明之举。

爱孩子是父母最原始的情感，父母爱孩子不值得吹嘘，更不应该渴求回报，因为天下没有不爱孩子的父母。只有爱得清晰，爱得恰如其分，并且这份爱为孩子所接受，甚至让孩子为之感动，这份爱才能落地成为孩子成长的动力。

那么，怎样才能让爱落地呢？不妨一事一爱。爱得简单才能爱得清晰。除了衣、食、住、行，其实家庭中并没有那么多的事情需要处理。例如，假期时，我们在家的时间多了，衣和行少了，住和吃就自然多了起来。什么时候睡觉，什么时候起床，怎么和孩子一起吃饭，就成了难题。陶行知的观点是：生活即教育，社会即学校。也就是说，当假期来临，家庭也会迎来很好的教育时机，这一时期，把家庭生活过好就是最好的教育。千万别说离开学校就没有教育了，社会就是最好的学校，家庭就是最好的班级，父母就是最好的班主任，孩子就是最好的学生。

对于很多父母来说，假期让孩子按时起床是一件难事。究其原因，是很多父母把这件事儿和其他事儿混淆了，以至于让事情解决起来越来越难，甚至影响了和孩子的情感。

叫孩子起床吃饭，让孩子按时作息……父母的初衷一定是关心、爱护孩子的。就这一件事来说，不管父母怎么做，孩子一定能理解。但是，随着叫起次数的增加，事件会变得越来越复杂，孩子也会越来越不舒服。这期间主动的一方是父母，而躺在床上的孩子则完全是被动的，所以孩子因此产生什么负面情绪，都不能责怪孩子。

我们不妨了解一下被叫起的经历，看看父母是怎样把这件事和其他事情混淆起来的。孩子想着难得休息，头天晚上又睡得迟了点儿，想再睡会儿；而父母不知道孩子睡迟了，还是按时叫孩子起床。一开始，父母语气温和："孩子，可以起床了。"（这时，孩子会犹豫起不起，面对温暖的被窝，成人尚且会纠结，更何况是自制力不高的孩子。）又过了三四分钟，父母发现孩子没起床，这时，叫的语调开始生硬了："你可以起床了吧——"（孩子心里不舒服，而且是真不想起床。）迷迷糊糊又过了四五分钟，这次父母叫起床的声调明显比之前高了："你到底听没听到？为什么装糊涂？"（按照以往的经验，孩子会在极度不情愿中起床，但那天孩子干脆就赖在床上。）所以，过了一会儿父母就口出怨言了："你太懒了，看看太阳都已经晒到你的脸了，别人家的孩子可不会这样的。"（其实父母真不知道别人家孩子的情况，他们是故意拿别人家的孩子来气自己的孩子，这下他们的孩子就更不舒服了。）此刻父母还没完："你看看你每天都这样，怎么可能学得过人家。"（事实上，孩子不可能每天都这样，这番话等于直接冤枉了孩子。有高度自尊心的孩子听了这些话后，或许就真不想起来了，因为起来等于不起来，明天父母还是会说他"天天睡懒觉"。）

看到这里，父母们应该已恍然大悟了，孩子虽然什么都没说，但并不等于他什么都没想。只有知道他怎么想的，才能更有效地沟通。

叫孩子起床就仅仅是"叫起床"这一件事儿，千万不要跟孩子懒不懒、学不学混为一谈，甚至还与别人家的孩子是否勤奋努力扯到一起，否则怎么可能让孩子不糊涂呢？叫孩子起床、吃饭是爱他，孩子一定能体会到你的爱，只要告诉他几点钟了，可以起床了，可以起来吃饭了就足够了，多说其他的也没有意义。你可能会说，我已经讲过这些了，他没起来，那么你可以再说。你可能会说："我再说也没有用。"其实，你讲了很多其他的信息，产生有效的作用了吗？它们带来的都是负面的沟通效果。

刚从睡梦中醒来时，孩子不易接受过多的信息，不要把各种各样的信息都传递给孩子，特别不应该把各种不正确的信息传递给孩子。叫起床不应超过 3 次，因为事不过三，如果孩子真的起不来，让他睡一个早上又怎么了呢？关键是你再叫下去，已经不是起不起床的问题了，而是你和孩子关系能否融洽的问题，甚至是家庭教育方式的问题。面对孩子睡懒觉，我们不必太忧虑，更不应该把这种忧虑变成焦虑直接传递给孩子。你如果这样做了，孩子睡懒觉的事儿就会变成让全家不开心的事儿。

你叫过孩子了，虽然孩子当时没有起床，但肚子饿了他总会起来的，并且当他起来的时候，心里会感到愧疚。但是当你把"偷懒""不如别人家的孩子""学习不认真"等各种各样的帽子都戴到他头上时，起床之后他不仅没有愧疚，反而会有更多的怨气，家庭里的紧张空气自然就蔓延开了。

叫起床是这样，叫孩子睡觉、吃饭也是如此，一事一爱方能让爱落地，在所有的事情上给孩子的爱要恰如其分才好。

各位家长，在假期里，其实除了衣、食、住、行，还真的没有太多的事儿需要和孩子每天沟通，我们一定要一件一件不急不躁地进行，细细体会上述道理，你是否认可并按照那些方式做了呢？

合适的距离产生美

　　总有家长和我说孩子离他们越来越远了。我回问他们，是不是孩子学习不认真、不懂礼貌、不懂事了？家长觉得不是，他们认为是自己跟孩子的交流少了，自己说的道理孩子都已经懂了。以前家长说的话，孩子很爱听；现在再说这些话，孩子就觉得他们啰唆，弄得家长都不知道该和孩子说些什么才好，所以觉得和孩子的距离越来越远了。

　　其实，我们应该先理解让孩子独立的目的，只有这样，才能接受并保持亲子间合适的距离。教育孩子的目的就是让孩子慢慢变得独立。独立说明孩子所需的外加教育、外加帮助会更少，孩子会有更多自主的思考，更多自主的能力。

　　在大部分家庭教育中，如果妈妈离孩子更远一点儿，爸爸离孩子更近一点儿，便是最合适的距离。为什么说妈妈离孩子远一点儿是最合适的距离呢？因为妈妈经常会说孩子是自己的一部分，甚至有些妈妈会说她之所以努力工作、忍辱负重，全都是为了孩子，孩子就是她生活的全部，是她幸福的源泉。每个妈妈都记得孩子的生日，都记得孩子衣服的尺码，甚至都知道孩子的鞋有几双、袜子有几双、不同颜色的衣服有几件，分别放在了哪里。对于太黏人的孩子，家长会担心；同样对于距离太近的妈妈，孩子也会感到不自由、不自在。既然培养孩子的过程就是让孩子慢慢独立的过程，那么父母知道什么是独立吗？独立是：行为能自律，生活能自理，思考能自由，工作能自强。如果妈妈离孩子太近，往往会让孩子感到贴得太紧。经常有这样的情况，天突然转凉了，妈妈会着急地跟爸爸商量，要放下他们手中所有的活儿到学校寝室里帮孩子铺好棉被；而爸爸会认为没什么好急的，天凉了，这么大的孩子自己会知道多加被子。父母要让孩子独立，就应该让他自己去处理生活中的问题。这样一来，父母都无法说服对方，妈妈觉得关心孩子天经地义，爸爸觉得过多的关心不利于孩子的成长。要解决这个问题，方法很简单，只需妈妈离孩子稍远一点儿，爸爸离孩子稍近一点儿，就解决了。其实爸爸妈妈的观点都对，都无须批评。偶尔天凉了，我也会在学校的电话亭旁边听到孩子提醒：天凉了，妈妈和爸爸要多穿点儿衣服。如果爸爸只拿孩子独立成长的理由来做家庭教育，是不是缺少温暖呢？缺少温暖不是家庭教育的本质，但是不是马上跑到学校，帮助孩子准备好棉被才算是最温暖的行动呢？高中的孩子真的需要妈妈这样做吗？其实，只需有一个天凉的及时提醒，孩子就会感受到来自家庭的温暖了。如果再问一句要不要妈妈或者爸爸帮忙，孩子一定会更感动，他一定会去注意添被加衣。如果他不行动，让他感冒一场又何尝不是一次深刻的教育呢？保持距离，不远不近，孩子才会既有成长动力，又有自由空间，更能体会亲情温馨。

　　另外，只有真正地把孩子当成朋友，才能保持合适的距离。其实家长要把孩子当朋友，确实很不容易。有位家长和我说，他来学校接孩子时，在回家的路上总希望能像朋友一样跟孩子交流。于是就问孩子这一周让他开心的事儿，以及他对一周学校生活的总结。也许这位家长当领导习惯了，但是生活里哪有那么多总结。在学习生活里，孩子会有开心的事儿，也会有烦恼的事儿，但大部分都是平淡如水的事儿，总结肯定谈不上，谈感受、讲故事倒是有可能。其实，社会生活一定比学习生活丰富很多。于是，我问这位爸爸有没有先和孩子聊聊他一周内的工作和生活，聊一聊他开心和烦恼的事情，或者既不开心也不烦恼，却也没想明白的事儿呢？如果把孩子当朋友，家长一定要用自己的总结去换孩子的总结，用你的故事去换取孩子的故事，请他帮助你思考你还没想明白的事儿，因此家长首先要分享自己的故事。如果只让孩子做总结，一定是不平等的父子关系。

　　我经常会碰到父母讲孩子成绩的事儿。如果孩子成绩好，便皆大欢喜；如果孩子某一次考得差还能接受，可如果好多次都考得不理想，又会怎么样呢？有的家长会说，这次没考好没关系，下次一定努力，孩子自然不会生气。当然也有家长会控制不好情绪，流露出真实的想法，说孩子的成绩要多差有多差，真的要被气死了；说别人家的孩子多优秀，谁谁谁的分数比自家孩子高很多，自己的孩子怎么就不能争气点呢。你说完这些话，孩子一定不开心，因为你没有把孩子当朋友，因为这两句话你绝不会和你朋友的孩子说。如果你的朋友听到你对他的孩子说了这两句话，他一定不跟你交朋友了。

的确，想做到和孩子保持适当的距离确实不容易。我们经常因为眼前的小事儿而忘记了养育孩子的目的；我们很想把孩子当朋友，但又经常把孩子当私有财产。其实，我们真的要不断提醒自己，就如纪伯伦曾说过：你的孩子，其实不是你的孩子，他们是生命对于自身渴望而诞生的孩子，他们借助你来到这个世界，却非因你而来，他们在你身旁，却并不属于你。

孩子成长，要多一些诗和远方

其实，每一个孩子都是天文学家，当他们仰望苍穹，看到繁星点点时，会突然问"天上为什么有月亮，天为什么要下雨"；每一个孩子都是哲学家，他们会向父母不断地提出"我从哪里来，我为什么会哭，我要到哪里去，天空外面还有什么"等问题。或许只有成人在坚持着不得已的坚持，并将自己埋在世俗的事务里。孩子总是乐意享受着诗和远方的幸福，并在幸福里成长。父母千万不能自谦说自己不懂诗和远方，也给不了孩子，其实一家人的诗和远方不是你能不能给，而是你想不想给。

记得有一年中秋节过后，一个家长很开心地跟我讲了他和孩子过中秋节的故事：以前的中秋节，他老想着给孩子做点儿更好的菜，买点儿更好的月饼，让他多吃点儿。家里往往都会置办一大桌子的菜，等饭菜烧好了，发现不仅给孩子带来了压力，也给家长自己带来了压力：吃不完浪费是压力；准备晚餐的时间长，跟孩子交流的时间少是压力；客厅的环境很难让人进入诗和远方的境界也是压力。

今年他们跟孩子商量，想把中秋节过得简单一些、轻松一些。中秋节的晚上，他们一家人来到了兰江边，就带了几张旧报纸，以及一些饮料和熟菜，只够一家人填饱肚子。为了让中秋节过得更浪漫，这位家长特意熟背了几首中秋诗词，以便和家人研究一下月圆、月缺。晚餐开始了，看着他吟诵着事先准备的诗，磕磕巴巴讲着月圆、月缺的知识时，孩子笑了。等他把能背的诗和能讲的知识都说完了，孩子要求一家人接下去什么都不说，就这样静静地欣赏圆月。已经是高中生的他躺在草地上，数着天上的星星。事后孩子说有家人的陪伴，在这宁静的夜晚，一切都让他觉得非常开心。

那天，他们一家人很晚才回家。后来就不知道他们说什么了，也可能什么也没说，但是孩子一直说那个晚上他很幸福。

其实，这些事情哪里一定要在中秋节做呢？任何月圆、月缺的晚上，家长都可以带着孩子在湖边坐坐、走走，或者到农村开阔的原野去欣赏太阳慢慢在西山降落，看看月亮从东方冉冉升起，诗和远方其实就在一家人的相伴和默契里。

很多人愿意带着孩子游历名山大川来留下美好瞬间，但是又有多少家长愿意让孩子停下来想想：内蒙古大草原属于什么气候，年降水量是多少？钱塘潮为什么形成于固定的季节？牛郎星和织女星各是哪一颗？北斗星是哪一颗？其实，当孩子停下来思考的时候，才能体会到诗和远方的幸福。

很多家长不断地逼着孩子去学习牛顿的第一运动定理、第二运动定律，逼着孩子用物理题目一遍一遍地验证运动定律，但是又有多少家长真正有耐心和孩子躺在苹果树下慢慢等待着苹果砸在他们头上呢？很多家长希望自己的孩子能学好生物学，但又有多少家长真正有耐心带着孩子用手机识别软件去识别在自己庭院里、在乡间路边的那些植物呢？野花并不是野的，它们都有自己的名字和属种。只要父母有心、有行动，一家人就会有诗和远方。

记得有一年招生，我们学校的录取分数很低，一些高分学生的家长很担心是不是学校教学质量差，录取分才这么低。这让孩子们的情绪也受到了感染。我在全校新生大会上讲了很多话，不仅分析了学校的优势，还提到了优秀的高考成绩以及出色的师资、严谨的校风、教风和学风……最后讲了因为各种原因造成了我校录取分数低。我必须让他们明白，只要是走进我校的孩子都是最优秀的孩子，与分数高低无关。

很快一年过去了，有一次我和部分优秀的学生座谈时，有孩子说初到学校的时候，他是真的很不开心。之所以能够很快地调整好，就是因为听了我在开学新生大会上讲的一句话——五中人，心不动，任风雨飘摇。其实我讲了很多，但最能影响孩子的还是"心不动，任风雨飘摇"这句话。心底、远方才是孩子们记忆最深刻的地方，再大的困难他们都能蔑视。

除了带孩子去吃农家菜以外，我们还希望孩子能够辨识各种各样的农作物，了解其生长规律，不是希望他们学会耕种，而是希望他们借此产生对生命、对自然的热爱。一个成长的生命有了美感和幸福感，就会行走在追求诗和远方的路上。

　　家长不仅要引领着孩子，还需要追随着孩子那颗拼搏而又蓬勃的心。孩子天生就成长在诗和远方的幸福里，只是有了家长的陪伴会更温暖、更幸福。亲爱的家长，让我们也像个孩子一样，陪伴着孩子一起追逐诗和远方的幸福吧。

甜蜜的忧伤

著名教育学者张文质指出，世界上没有任何工作比做父母更易犯错、更具风险；也没有任何工作比做父母更令人欣慰和自豪。孩子是我们的甜蜜，也是我们的忧伤。

家长拥有多种不同的证书，却没有家长证。如果只有孩子承认了，我们才能做家长，我们的境遇又当如何呢？孩子永远是你的孩子，家长也是永远不会毕业的家长。父母无法选择孩子，孩子更无法选择父母，孩子拥有什么样的父母是他命运中一件最重要的事情。作为父母，我们要认识到这一点。如果我们很早就能认识到这一点，对孩子来说，实在是一件非常幸运的事情。

我们真的很容易犯错，并且是在自认为正确的道路上不断犯错。当我们错了，而孩子又把我们的错误指出来时，我们却毫不自知地用自己的错误责怪孩子，这真是常有的事儿。

一个周末的晚上，我们一家三口坐在客厅看电影，大家看得很开心。我女儿若有所思地说："老爸，其实你和很多老爸是一样的。"当时我没加任何思索地回了一句："我这样的老爸只有一个，世界上真的找不出第二个了。"只见女儿想说什么，但又马上咽了回去。我继续说："世界上都找不出两片相同的叶子，怎么可能有两个相同的老爸呢？"女儿再也忍不了了，说了一句："和您真的难交流。"

当我反过来想问她我怎么和其他老爸一样时，已经来不及了，女儿的眼里流出了伤心的泪水。她非常希望我去倾听她的见解，但是我不仅没有，而且自以为是地先发表了自己的看法。其实好好交流就是先倾听，而不是你自以为是地打断对方并发表高见。那天晚上我想了很多，错的不是孩子而是我。当然，后来我及时跟孩子道了歉。但是到现在为止，对于孩子为什么认为我和其他老爸是一样的，答案依然是谜，只有孩子心里知道。我明白，错过了那个交流这个问题的最佳时间点，即使同样的问题，以后和孩子再交流，答案也会完全不一样了。有时候我会埋怨孩子和我的交流少了，但是静下来想想，我不正是用自己的错误在埋怨孩子吗？

以前每天我都会送孩子去上学。刚开始时，孩子每次下车都会说："老爸，再见。"如果哪天没有说，那一定是她不开心了。有一天，我突然发现孩子下车时的再见没有了称呼，心里不舒服了一阵子。但再想想：孩子不是已经发出了下车的信息了吗？何必那么注重形式呢。慢慢地，我从心里也就接受了。再到后来，我发现孩子下车也不打招呼了。究竟是为什么呢，是不是孩子越来越不懂礼貌了呢？但是有一点很明显：我和孩子的交流越来越少了，也越来越难了。为什么会这样呢？孩子的表达并没有问题。后来，原因找到了。

在中秋节放假后开学的那天，孩子的妈妈早早地做好了早餐，大家吃得高高兴兴的，然后我按照规定的时间把孩子送到学校。那天下车时很平常，我似乎听到她说了声再见，但我却沉浸在自己的世界里没有反应过来，也没有跟孩子说再见。当然，孩子也如常上学去了。在开车回家的路上，我突然发现和孩子之间问题产生的缘由了。我相信晚上去接她时，她还是会和以前一样，不会为今天的事情抱怨我。回想以前，当我说再见而孩子闷声不响的时候，回家后我会和老婆抱怨，也会想很久，甚至会埋怨孩子怎么这么没礼貌。但今天我真的感觉到，孩子从"老爸再见"到"再见"，再到很久一段时间连再见都不说，并不是孩子的错，而是自己在和孩子交流的过程中没注意自己的言行，没有回应她造成的。

其实在学校时，我经常会和老师说，我们要让孩子们对老师的问候在校园里蔚然成风，当孩子们在学校问候你的时候，你一定要笑脸相迎、真诚相待。有的老师说，孩子的问候实在太多，真的回应不过来，有时候甚至会觉得有点烦。我不知道老师说的是对还是错的，但是这里有一个硬道理：人和人之间是平等的，大家要相互尊重，包括对待孩子。我终于找到了女儿从"老爸再见"到"再见"，再到不说"再见"的原因了。每次送女儿时，我没有主动地和女儿说再见；每次接女儿时，我也没有过多地和女儿交流，没有对她说"你真准时"，或问她在学校"啃"下了哪些难题……其实，孩子就是父母的镜子，孩子就是家庭的影子。

亲爱的家长们，如果孩子和你交流少了，要先反观自己和爱人、家人交流得多吗？要好好地反思自己在家里和孩子交流的方式是否得当。要不断问自己：你真的关注、关心孩子了吗？要知道孩子不会错，也没有错，因为孩子就是那么单纯，单纯到在皇帝面前都可以直说"其实他什么都没有穿"。

好孩子比比皆是，好父母才是世界上最稀缺的资源，只有父母改变了，孩子才能改变。

父母最受欢迎的行为

有一年，我们学校发出问卷星提问问题"父母最受欢迎的三大行为"，调查结果让我感触颇深。统计显示，最受欢迎的父母的想法、做法有 58 种，我一一罗列给大家。尽管这些归类不一定科学，有些表达也并不严谨，但我相信这些结果都是真实的，它们相对来说会更接地气，更具体。

第一，意识形态的期望有 15 种：

尊重孩子（像对待朋友一样对待孩子）；不侵犯隐私（进房间先敲门）；理解孩子；遵纪守法（提醒父母在疫情来临时不能随便走动，当别人都待在家，你去打牌时，孩子会有不好的看法）；热情（不能一天到晚板着脸哦）；善解人意；对待事情别双标（如果有二孩，那一定要做到公平）；遇事冷静；语气和蔼（讲话能够慢条斯理）；以身作则；定规矩把自己也算进去（千万不能只给孩子提要求，也要给自己定原则）；不冷嘲热讽；不无中生有；不随便否定他人；能尽己所能地帮助他人。

第二，具体行动的期望有 13 种：

看书；鼓励孩子的兴趣爱好；不因为学习而批评孩子；有耐心；有自己的思想；孩子学习时父母要安静；上课的时候不打扰孩子；经常看望长辈（各位爸爸妈妈，你看望自己的父母，不仅仅为了父母，也不仅仅为了你自己，更是为了孩子）；别老是提成绩；孩子犯错时可以慢慢跟他说（一定要慢慢说，同样的话慢慢说很重要，体现真诚）；孩子上课时送上一杯热腾腾的牛奶；帮助邻里（远亲不如近邻，对隔壁邻居好，小孩子看在眼里）；对待工作很努力（为社区工作、为村里工作、当志愿者，都是孩子有力的榜样）。

第三，对温暖生活的期许，有19种：

给孩子做好吃的；早起做早饭；帮孩子打扫房间；陪孩子运动；带孩子劳动；端茶送水；偶尔陪孩子看电视；不随便动孩子的东西；不再三催孩子吃饭（叫吃饭和起床一样，不要没完没了）；给零花钱；对孩子微笑；温柔地叫孩子起床；少说多做；把孩子爱吃的菜摆在靠近孩子的一侧（多么细小的举动呀，孩子们会牢记在心）；买孩子喜欢吃的东西；给孩子送开水；厨艺好；作息有规律；非常时期要特别注意个人卫生（疫情来临了，大家更要注意了）。

第四，亲子交流方面有11种：

陪孩子聊天；每天互说一句关心的话语；不打扰孩子；听孩子讲课上发生的有趣的事情；重要的事情能主动去了解（三位一体）；能听从孩子的意见；多多夸奖；很容易觉察到孩子的小情绪；不在别人面前做攀比（不比较，不计较）；不发脾气有话好好说；及时告知老师发家长群的消息（孩子如果没有手机，你一定要记得把老师的消息及时转告给他）。

也许各位亲爱的家长对我说的这些很熟悉。那么，你们为孩子做过这些吗？孩子能感受得到，能记在心里吗？

家长们，你们要清楚，没有比家更温暖的港湾，没有比父母更坚定的陪伴，有了家长的大力支持，孩子甚幸，中国的未来甚幸！

家庭教育要多重视全书阅读

俞敏洪说，在新东方流传着这样一句话："一个人底蕴的厚度决定事业的高度。"接下来他还解释说，一个人底蕴的厚度来自两个方面：一是多读书，读大量的书，你的知识结构自然就会完整，就会产生智慧。二是丰富人生经历。只有把人生经历的智慧和读书的智慧结合起来，才会变成真正的大智慧。所以，新东方在招聘重要岗位的人员时，俞敏洪必问的问题就是"你大学读了多少本书"。俞敏洪期望的底线是 200 本。

自从外出招聘以来，作为校长，我和师范毕业的学生经常会交流的问题就是——你喜欢阅读吗？你读过课本之外的哪些书？对于第一个问题，许多毕业生都会告诉我他们喜欢阅读。但当我问第二个问题时，很多学生都会紧张，他们几乎说不出 10 本以上的书目。他们中的一些人会告诉我，大学里真的很忙，导师的任务真的很多。我无法理解大学里面为什么这么忙，大学生为什么不能有自己的学习空间，甚至大多数研究生都是如此呢？

正因为大多数人缺乏阅读体验，喜欢阅读的人才有更大的优势。在2019 年的毕业生招聘中，我还真碰到了一位非常热爱阅读，也能坚持阅读与写作的应聘者。如果纯粹看大学时取得的荣誉，我并不怎么看好她，因为除了偶尔的作文竞赛获奖外，她没有获得过别的奖励，但成绩还算过得去。在应聘时，她只是给了我一些她发表过的文章，以及发表在语文核心期刊上的一篇 6000 多字的论文，并且也实事求是地说自己取得的荣誉并不多。其实，并没有太多的招聘者愿意细细去看她的那些文章。可能因为我是语文教师，对文章很敏感，所以我就和她聊了起来，她说自己现在是一个网络专栏的写手。当我问她读了哪些书时，她的回答特别自信，她说她的大量时间都用于阅读了，到现在为止，她在大学里已经读了 300 多本书。对现在的大学生来说，这几乎是一个天文数字。在后来的面试环节，她流利的表达能力和应变的智慧征服了在场的所有领导。大家一致认为她很适合高中语文教师的岗位，只是后来她考入了某大学读文学硕士研究生了。我觉得可惜，但同时又觉得那里更适合她。

很多家长都说自己希望孩子能够快快成长，并能独立思考，但是对孩子的思考能力又不放心。孩子还没有独立的三观，家长怎能放心？孩子正确、独立的三观从哪里来呢？应该从体验和阅读中来。

那么，家庭教育中是不是要多一些阅读，特别是整书的阅读呢？关于阅读，很多孩子也会说：连做作业的时间都没有，哪有时间看书？确实，每一个学生都有没完没了的作业，但同时我们又需要每一个孩子都能够进行大量的阅读。这一矛盾的处理需要孩子学有余力，更需要家庭教育的智慧。在成长的过程中，孩子需要做很多事情，但也应该放弃一些事情。如果家长对于孩子的时间安排不做思考，最后会变成什么都丢了。

记得有一年高一新生军训时，学校要求孩子们带一本书。军训期间我对孩子们的阅读书目进行了统计，发现 60% 多的学生带的都是教科书或教辅用书，还有一部分同学带的是高中生必读书目要求的书籍，真正带上自己感兴趣书籍的学生可谓凤毛麟角。没有属于自己的阅读，哪能在阅读中得到成长呢？

记得有一次在学校图书馆，我看到一个孩子在看杂志，他拿了一本又一本。于是，我就问他看过哪些书，他给我罗列了一大堆的杂志名；我又问他看过哪些作家的哪些著作，他不作声，只是摇了摇头；我接着问他是否知道托尔斯泰、高尔基、雨果，他表示知道；当我让他跟我讲这些作家的著作时，他又摇了摇头。后来我又问到亚当·斯密、叔本华、海德格尔、薛兆丰、周国平、罗振宇，以及他们的作品，他都是以摇头作答。以至于最后我连四大名著都不敢问他是否都看过了。

学校一直在努力让学生去看一些整书。近期，人教版的语文教材就专门推荐了全书阅读，接下来每个学期都有一个星期的语文课要用来做全书阅读，不过这也仅仅是告诉大家全书阅读的重要性。要让孩子真正热爱阅读、形成阅读的习惯，并通过大量的阅读形成正确的三观，在于孩子自己，更在于家庭。因为三观的形成是个性化的，更是家庭化的。

许多人大多数时间进行的是碎片化的电子阅读，还有的人是读报、读杂志，我个人更赞赏的是全书阅读，并且是知识传递相对丰富的一些书的全书阅读。古人云："读万卷书，行万里路。"读万卷书就是行万里路，行万里路也是读万卷书，其实它强调的就是大量阅读的重要性。

中学阶段的很多孩子都喜欢阅读，但是他们阅读面很窄，读的仅仅是小说，所以一部分老师和家长会反对，我个人也反对这种阅读。因为不同的阅读能够获得不同的知识，只做单方面的阅读，不利于中学生的全面发展。读文学著作、唐诗、宋词、《古文观止》等一定有利于孩子语文水平的提升，读多了对语文自然就有了自信，也有了兴趣；如果孩子喜欢读自然科学的专著，自然会对理化等自然科学产生浓厚的兴趣。反过来也如此，如果孩子不喜欢数学，就多给他提供陈景润、华罗庚、丘成桐的著作，孩子或许就会喜欢数学了；如果孩子不喜欢语文，则可以让他从《一千零一夜》《伊索寓言》等故事读起。兴趣是阅读的开始，而全书阅读胜在有更多的内在逻辑，有更好的语言表达，有更精彩的故事情节。

全书阅读能够为学科成绩的提高打下坚实的基础。学校书不少，但真的很缺少阅读氛围。面对班级的全体学生，老师很少能够做好全书阅读的指导，当下，全书阅读需要家庭去补充。全书阅读是全体学生的需求，但是读什么书？怎么读？孩子适应怎样的阅读方式？哪些书更适应自己的孩子？这些都需要家长细心观察与配合。说到底，还是因为全书阅读是个性化的需求，在学校的整体教育中很难有完整的到位的指导。

优质教育：多给孩子体验的平台

晚自修上课前，在学校的开放书吧，我看到一个孩子在窗边静静翻阅着报纸与杂志。因为和这孩子比较熟悉，于是就过去和他聊起了天。我问他喜欢看什么杂志，他回答说《南风窗》《南方周末》《悦游》。当我向他了解这些杂志报纸的特点时，他说《南方周末》《南风窗》每每都让他有特别的体验，里面的观点新颖、表达犀利。而《悦游》是一本旅游杂志，图片特别有视觉冲击力。每次看完新一期的杂志，他就有用双脚去丈量世界、用自己的语言去表达内心体验的冲动。

其实，体验可以带来冲动，可以带来灵感，更能带来坚持的幸福。让孩子用双脚去走，用两眼去看，让孩子在独立看世界时，带着自己的思考去聆听、去感受、去接受，其内心深处的体验定能激发出强劲的学习动力。

记得有一年新学期开学时，一个班主任告诉我他们班的一个孩子变化特别大，现在的他学习很努力，进步也特别大。因为我了解这个孩子，他家庭情况不错，可以前学习并不怎么努力。带着好奇，我找到这个孩子。他告诉我，暑假时他报了一个海外的夏令营，到了英国后，他不仅领略到了异国的风情，更深深感受到了如果不学好英语、不进入一个更高的平台学好知识，今后就很难有再次走出国门的机会。所以他决心要更努力地学习，以后有机会才能抓得住。这样的夏令营很平常，而且很多时候为人所批评，大家会认为它们商业气息太浓，费用太高。但孩子离开了父母后得到的强烈体验，真的不是用钱能够衡量的。

也许有家长会说，不是人人都有体验海外夏令营的机会。其实还真的不是人人都到国外才能有体验。今年，有位高三学生把目标锁定在了清华大学。她的班主任把她的目标告诉了我，我也感到惊奇。后来我得知，原来这个孩子在父母朋友的介绍下到北京学习过美术，她在北京一待就是半年，在这半年里，她参观了北京的博物馆、中央美术馆、"鸟巢"、水立方……她和我说清华大学是值得去的地方，她要为它而努力。后来，真如她所愿，她通过了清华大学的初选，可以参加复试了。我为她点赞，更为她祝福。同时我也知道，花同样的钱，如果在杭州学习，也许她会把目标定在中国美院。所以，不同的体验，会产生不同的目标；不同的目标，会带来不同的学习动力。

我还想给家长们讲讲关于体验的故事。记得有一次，我邀请学校最努力的学生召开座谈会。当我问他们为什么这么努力，为什么这么坚持时，有一个孩子的回答，更是让我坚信体验的重要性。那是一个周六，他父母没时间接送他，于是他自己坐公交车回家。当他在车上左顾右盼时，发现前面有一个学生一直在认真看书，因为这个孩子在长时间看书，他很好奇，于是就去看他究竟在看什么书。后来他发现这个学生一直都在看高中物理课本，再仔细看看他的校服，发现他是我们当地知名高中的学生。后来他和我说了他当时的感受：那位同学的基础比他好很多，可是还在一直努力，他凭什么浪费时间？天下哪有不努力就能取得的好成绩呢？从那一刻开始，他就下定决心要努力学习。孩子的体验，往往从单独经历开始，从陌生的环境开始。同时，孩子的体验也是从体验后的思考中获得的。在家庭教育中，我们不妨为孩子多创造一些体验的环境，多提供一些体验的平台，体验是努力的开始，更是成长的基础。

曾经有位家长跟我说过一件事。她的孩子坐了一天的车到了西北工业大学，还等了六七个小时，就是为了和西北工业大学的一位教授交流一个小时。因为这孩子特别喜欢航空航天方面的知识，而这位教授是航空航天材料方面的专家，事先他们就有沟通。家长说，从西北工业大学回来之后，这个孩子就完全坚定了自己要走的路、自己所要学的专业和所追求的目标。

所以我们一定要大胆让孩子去体验和追求，只要有了深刻的体验，就能有幸福的坚持。坚持的动力来自内心。

很多教育专家说要静待花开，这点我不反对，但是静待不能变为旁观，更不是消极等待，而是要创造机会，尽量让孩子有深刻的体验，然后积极等待。只有让孩子有了生活和学习的体验，家长才能在旁边细细欣赏，慢慢等待。

同学之间是真正平等的

——一位高三家长写给孩子的信

孩子，这两天爸妈知道你有点儿不安，但爸妈也知道你一定会没事儿的，因为所有的事儿，你都会处理得很好。甚至有些事儿你不去处理，随着时间的推移也会变得不再是事儿。虽然你欲言又止，但爸妈能感觉到，特别是妈妈能清清楚楚地感觉到你在面临一些小困境。常言道，女儿是妈妈身上的肉，其实何止妈妈和你是一体的呢？按照王阳明的说法，万物皆为一体。看见被践踏的小草，你会心疼；看见街头流浪的小猫、小狗，你会心疼；听见孩子声嘶力竭的啼哭，你会心碎；看见孩子即将坠落万丈深渊，你会毫不犹豫地上前相救。虽然这些看似与我们毫不相干，但是一定会触动你的内心，这就是所谓的万物皆为一体。你不开心时，爸妈也会不开心；爸妈不开心时，你也会不开心。同样，你的好朋友不开心时，你也会不开心；你不开心时，你的好朋友也会不开心。其实人就是关系的动物、情感的动物，所以我们在处理好与别人的关系的同时，也要处理好情感。

爸爸知道你有好多要好的同学，也有少数很亲近的朋友。随着成长，你也感觉到了，你好朋友的结构在变化，其实在和好朋友相处的过程中，总会有起起伏伏，甚至分分合合，与朋友相处时会有喜悦，也一定会有烦恼。但在所有关系的处理中，我们需要有从容淡定的内心和清晰坚定的原则。

孩子，同学和同学之间一定是平等的。在平时交往的过程中，你们会相互影响、相互促进，但我们一定不能有改变别人的想法。改变是每个人自己的事儿，一定不是被别的事儿所迫。就如这一节课你要认真听课，若老师紧紧盯着你，你也会觉得全身不舒服。如果自己想认真听课，其实就算旁边有同学在讲话、在做其他事情，你也会专注于听这一节课的。

做好自己，就是最好的处理同学关系的方法。鲜花总能吸引众人的观望，因为和绿叶比，鲜花总有更鲜艳的颜色；太阳总有行星的围绕，所以总有比其他行星更温暖的温度；上帝、菩萨总是被人膜拜，因为在膜拜者心里，他们有更宽广的胸怀。我们不是鲜花，不是太阳，更不是上帝、菩萨，所以我们只需做好自己就够了。特别是在步入高三时，大家的学习任务会更艰巨，大家的专注度更会集中在学习上。由于学习的压力，以及来自内在的其他压力，很多同学不希望和同学有过多的交往，甚至会减少参与学习之外的其他活动。这个时候、这个阶段，关注自己，可能是最好的处理同学之间关系的方法。在高三阶段，如果在学习上比以前主动些，活动参与上比以前被动点儿，可能会更让自己开心，更让同学羡慕。

如果处理同学关系时真的碰到了问题，也不要着急。同学之间并没有根本的矛盾冲突，随着时间的推移，大家还会走到一起。当和同学产生矛盾的时候，一定要多问问自己错在哪里，一定要改正自己的错误，这是修身，是向内改变自己。当自己改变的时候，犹如在除去我们自己心灵上的灰尘，我们的心又会变得清澈、透明，这时我们自己就会非常开心与幸福，也更能吸引别人。

爸妈知道你能很好地处理与同学的关系，虽然你都不想跟爸妈说，唯恐爸妈担心。其实正是因为你会处理同学之间的关系问题，爸妈才不担心的。其实爸妈相信，每前进一步，每走过一天，你的沟通协调能力都会有所进步。但是我们一定要知道，稳定的同学关系并不是通过沟通交流的技巧达成的，而是要靠做好自己，有宽容的心，有谦虚的态度，对同学不能有傲气，甚至不能在语言和行动上咄咄逼人，盛气凌人。就算有再多的能力，有再多的灵活思维，我们也应该通过改变自己来影响别人，而不是直接去改变别人，那样会影响自己的心情。

责人不如责己。责怪别人，并不能让别人改变，只会暴露别人的缺点，只能让别人更加难过，并且与你越来越远。只有先找到自己的不足，投入时间去改变自己，才能深得别人的仰慕和关注，同学之间也是如此。

　　做最好的自己，改变自己，影响别人。这是爸妈与人交往的一些浅见，我们与你交流，只希望能影响你，而非改变你。

第二篇

亲爱的孩子，高中没有那么累

暑假不补课，高三也执行

我早已习惯了"暑假不准补课，但高三可以例外"的规定。但今年不同，上级明文规定：高三的暑假也不准补课。一石激起千层浪：有人欢呼，有人焦虑，有人高举旗帜坚定执行，有人略带批判性思维地"为民请命"。

欢呼的只有高三的学生和教师，因为暑期补课本是学生和老师的事儿，他们的欢呼属情理之中。如果还有人也在欢呼，那就是事外之喜，要么是瞎掺和，要么是低年级段学生的窃喜。当然，他们与那些为孩子未来的发展而高瞻远瞩的人不可同语。

为补课焦虑的还有家长、老师和校长。确实，有许多学生非常开心："如此高温，为什么非得在学校熬而不能在家享受着清凉而学习呢？读书是我自己的事儿，即使在家我也会认认真真地读好书。"其实在家读书，学生也可以充分自由地安排学习时间。在很多高三学生的暑期学习计划中，我看到过这样一句话：一天学习时间总量不得少于10个小时。可能有人会说，暑期不用上课，老师应该更开心了吧？试想，谁不愿在暑期好好地陪陪孩子和家人呢？但是在高三老师们的心里，学生才是第一位的。

今年是第一次暑期不补课，学生们究竟是怎么学习的呢？带着关心，也带着焦虑，老师走进了学生的家里，看到他们有做安全提示的，有走村入户了解社区文化特色的。但老师们的关注点还是停留在学生的学习上：作业、阅读的书籍、一天的时间安排、早读和晚读的情况、午睡休息多久、晚上作业到几点……所有的问题都透着老师对学生们的关心，同时还有焦虑。农村学生到城里学习，来回路途遥远，会浪费大量时间。学生在家自学，会碰到一些学科难题没有办法及时解决。学生自律不够……可能有人会说，不自律的后果应该由学生自己承担。孩子也确实不可能让别人去帮他承担后果。但帮助每一个孩子成人、成才，是每位教师的直接责任，是真正关心孩子未来的教师都会有的一份情怀，他们绝不会让孩子输在任何一个时间节点。只要老师能为孩子做的，就一定会竭尽全力去做到。

家校对此反应不一，有人高举旗帜坚定执行，也有人找千万条理由"为民请命"。诸如为了孩子的身心健康，为了缓解老师的职业倦怠，就不应该在暑期补课；寒暑假历来有之，只有好好休息，师生才能高效工作……最关键的一条，就是上级有文件、有规定。现在大家确实也都这么执行了。执行规定没有错，也一定不会错，但是，在孩子们离开学校之后，又该如何帮助他们更自觉地学习？对不补课的暑假期间，教育者、社会和家庭一定大有可为，不是不作为。教育除了在规则上对孩子们一刀切外，还有因材施教，我们也得慢慢地帮助孩子们想办法克服困难。

面对规定，一定要批判性思考。我们看到了规定的公平：所有学校一律不得补课，这对所有学校都是公平的。但对学校公平了，是不是意味着教育就公平呢？我们走访了许许多多的孩子，他们有在大城市优秀培训机构里上课的、有在教师家里个别辅导的、有在家自学的，还有在家用手机消磨时间的，也有帮着父母亲干活儿的。离开学校之后，孩子们接受的社会和家庭教育均有不同。或许这才是社会，面对真实的孩子们的学习境况，大家又能做点儿什么呢？

高考选考的内容和时间点是相同的，这又是一刀切的公平。当想到这些情况时，许多家长确实会非常焦虑。不准补课，一刀切是公平；高考内容和时间、分数一致，一刀切也是公平。但在这些因素之外，我们应为更多的人享有更多的机会、为培养更多的人才，也为尽量缩小其中的差距而努力，我们能否创造出更多的公平呢？

批判性的思维、独立解决问题的能力、用心沟通真诚协调，恰恰是21世纪的教育者要培养年轻人的必备核心技能。不管高三的你愿意不愿意、希望不希望，今年你已经被上了深刻的一课，这是需要你独立思考的一课。当你为无须在学校熬高温学习而欢呼的时候，一定要思考如何才能把握机会，如何才能争取更好的未来。家长或许会比孩子更加焦虑，但请不要天天盯着孩子的学习，而要信任自己的孩子，同时为孩子寻找更好的学习载体。我们一定要知道，教育不是简单的判断题，也不是只有对和错的二元思维。只有我们真正拥有批判性思维，带着思考去执行规定，带着思考去关心孩子们时，高三不补课才能让所有人都开心。

　　教育真正的公平，是要做到了对所有人来讲，受教育的机会都是均等的。教育的关注点应该是，要对教育制度进行重塑，使其为所有孩子提供拼搏人生的机会。

享受你的暑期学习生活

自从高三也需要执行暑期不补课的规定以来，有许多家长很焦虑，其实焦虑的不仅是家长，还有校长。这是校长写给高三学生们的一篇文字。

——编者按

学生假期不补课了，作为校长，为此事有什么好焦虑的呢？我多次彻底地问了自己才知道，这是对学生不信任导致的焦虑。离开了老师的视线，就误认为学生的学习效率难以保证，这是对学生自觉学习能力的不信任。

孩子们总要离开老师的视线自己成长，学习其实是学生自己的事，焦虑的应该是学生，怎么会是校长呢？校长心里也会急，急的是政策与以前不一样了，急的是不知道其他的老师和孩子会怎么做，急的是许多时候学生在家无法控制自己的行为，大部分学习计划无法执行。

但是这一份急对学生来说，与以前的暑假必须冒着高温在学校聆听老师的讲课相比并不同，一个是一时的焦虑，一个却是长久的压抑；一个是不断提高的自我控制力，一个却是天天处于被动的学习里。

我知道大部分同学对自己的学习都充满自信，我们经常说学习是自己的事儿，不一定要有固定时间、也不一定要有固定地点，只要能够掌握知识、提高技能，在哪里学习都一样。有同学会问，为什么放着家里凉爽的空调和宽敞的场地不用，非得挤到学校去呢？只要有效率，在哪里学不一样呢？确实许多同学能够非常从容淡定，他们在家也能按照自己的计划一步一步地完成自己的学习计划。即使他的家里不是那么宽敞，也不是那么凉爽，他也照样能享受着自己的暑期生活。因为他们有时间、有任务，更因为有冲劲儿。

今年我对诸多学生进行了家访，在家访途中，我看到一个大汗淋漓地帮父母搬运水泥的学生，他说自己平时很难帮上父母的忙，今年暑假不补课，他很开心能做点儿力所能及的事儿帮父母。父母会老催他去学习，所以，他大部分时间还是在学习中度过，他说流完汗，使完劲儿，坐下来学习也成了一种享受；在家访途中，我也看到了专心致志地在菜场帮助妈妈卖菜的孩子，在每天的卖菜高峰期，他大概会花两小时来帮妈妈卖菜。可往往是高峰期没过，他妈妈就会催促他回去学习了。他说每当想起妈妈在菜场忙前忙后的身影，他便能让自己安静地投入学习中；在家访途中，我还看到了姐弟俩和妈妈同在一间狭小的店面里生活的温暖场景，妈妈守着店里的生意，读高中的姐姐偶尔会帮助妈妈打理生意，同时还会辅导弟弟的功课。我问她这样会不会影响她的学习，她说至少目前她很享受这种学习环境。当然还有孩子告诉我，在家能根据自己的时间安排学习，做并不十分容易的数学题，整理自己的错题集……

孩子们，可能你们并不知道，在你们周围，还有一双双满带关怀的眼睛和许许多多因无法适应这一变化而焦虑的人们。

暑期不补课了，教学进度怎么办？高考的时间是否会推迟？暑期不补课，大城市的学生占有着天然的优质教育资源，学生不在学校补课，可以在老师家接受辅导，可以在优质的培训机构上课；而小城市的学生、农村的学生，则处于教育资源的末端，更有部分学生能有的只是父母略带无奈的嘱咐："自己好好努力呀，不努力考不上好大学，可没有前途啊。"城乡之间的差距被现实进一步拉大了。在江南小城，家庭条件富裕的家长也在努力为孩子的教育奔波努力着，甚至把孩子送到杭州接受培训。可能有人说这么做的效果只是压压惊，不一定有用，但是事关孩子的未来，家长是宁可信其有，不可信其无；宁可做了后悔，也不允许自己不做而后悔。当然大部分的家庭还是选择留在本地，想着各种各样的办法，让孩子在各种各样的地点接受各种各样的培训。这些因素都造成了焦虑。家庭之间的差距也造成了学生们接受和认知层次的进一步拉大。

亲爱的孩子们，这些焦虑该如何消除呢？我认为它们应该被消除在你和父母坦诚的交流里，消除在你对自己计划的无条件地执行里，消除在你对知识和技能的高效掌握里，消除在你对自己漫漫人生的主动权的把握里……

　　亲爱的孩子们，好好享受并安排好自己暑期的学习生活吧，学要好好地学，玩要适当地玩。

写给高一学生：重构三重关系
——从《杀死一只知更鸟》说起

　　一周前，一个孩子给校长推荐了一本书——《杀死一只知更鸟》，相信很多同学都看过。方校长看后，也有几点想法跟大家分享。

——编者按

一、你和爸爸

　　刚刚过完暑假，想必大家会有很多和爸妈相处的感受。中考结束后，大家不由自主地进入了放松的状态，暂时放下学习的焦虑，重新投入爸妈的怀抱。再后来中考成绩出来了，有的人有了中考成功的喜悦，有的人有了失败的忧愁。但随着录取通知书的到来，这些情绪会像一阵风一样过去，留下一长串关于爸妈的印象。除了唠叨，许多妈妈留给孩子的印象是忙碌、体贴、宽容；爸爸却外表却看似简单，其实内心感触复杂，个个不同。

　　许多孩子告诉我，他的爸爸辛苦且忙碌，几乎没有跟自己做过交流；也有孩子告诉我，这个暑假自己几乎没有跟爸爸讲过话，也不太愿意和他讲话；还有孩子告诉我，爸爸很少讲话，偶尔说几句话也是在为妈妈挺身而出，不是批评就是指责别人。在暑假里发生了很多事，我听到有的老爸摔掉了孩子的手机，有的孩子和老爸吵架离家出走，甚至有的孩子因心情不好滑入兰江被洪水卷走了，我还听说有个孩子离家出走后不想回来的。

　　有个孩子的父亲在我办公室唉声叹气地抱怨，他现在很怕和孩子讲话，不知道说什么，孩子和他讲话不带称呼，已经好久没有叫他一声老爸了。其实大家都想好好地沟通和相处，为什么现实的亲子情况却越来越糟？

亲爱的孩子，你心目中理想的爸爸是什么样的？其实，你的爸爸做爸爸也没有经验，也是在摸着石头过河，摸索着做好父亲这个角色。小说中有一句话让我印象深刻："我和吉姆都觉得我们的父亲很让人满意，他陪我们玩，给我们读书，对待我们随和公正。"

你的父亲陪你玩过吗？陪你玩了什么呢，你能记得起来吗？现在还玩吗，为什么不玩了呢？你想过主动和父亲玩点什么吗？你的父亲为你读过书吗？你读书时，他说过什么话、做过什么事儿吗？你的父亲随和、公正吗？为了让他随和、公正，你和他好好地交流了吗？如果你觉得爸爸做得不够好，你用心地和他进行过交流吗？

亲爱的孩子，你们已经是高中生了，处理好人与人之间的关系，特别是处理好家庭成员之间的关系，这是我们必须具备的能力。我用小说中的一句话来劝勉大家：妥协是一种因彼此让步而达成的协议。你在家庭内部主动点，和爸爸之间的关系处理得明白点，主动要求爸爸陪你玩儿、陪你读书，先做到随和、公正，这样你和你的家庭一定会更幸福。同时，我也希望爸爸们要让自己尽快进入这一角色，要努力陪孩子玩、陪孩子读书，让孩子感觉到你的随和、公正。

二、你和同学

进入高一了，你重新进入了一个新集体。如果你觉得老师和同学们都很好，意味着你心宽容；如果你觉得他们有好有坏，意味着你心依旧；如果你觉得他们都很糟，那意味着你一定要多思考自己的不足并改变自己。

小说中的主人公说："你在学校里可能会听见一些不好的议论，不过请你为我做一件事：抬起头，放下拳头。不管别人对你说什么，都不要发火，试着用脑袋去抗争……"对于同一件事情，如果你的同学有他们自己坚定的想法，你无法说服他、也无法改变他时，请一定相信，人们对世界有多重理解，即使时间能证明他的理解是错的，但是在当下却不一定是错误的。

小说的主人公，律师阿蒂克斯说："他们当然有权那样认为，他们的观点也有权受到完全的尊重，但是在我能和别人过得去之前，我首先要和自己过得去，有一种东西不能遵循从众原则，那就是人的良心。你要坚守你自己的原则，还要和别人过得去。"

三、你和自己

坚守自己，不是保守，不是顽固，更不是与外界隔绝；坚守自己，就是要与这个世界相融合，与实际的真理更接近。父母可以给你买床，但是不能替你睡觉；父母可以给你买书，但是不能替你阅读；父母可以让你上学，但是不能替你接受知识，更不能替你进步。

你已经在高一了，正在慢慢走入成年，许多事儿你要自己坚守，要自己弄明白。做好自己，就要坚守自己的本心，就要做勇敢的自己。勇敢就是有独立的思考，就是面对事物时有自己的看法和行动。不要错误地认为粗鲁、莽撞是勇敢，手握枪支、大刀是勇敢。小说中阿蒂克斯说："勇敢是，当你还未开始，就已知道自己会输，可你依然要去做，而且无论如何要把它坚持到底，你很少能赢，但有时也会。杜博斯太太赢了，她用她那仅仅98磅①重的身躯，按照她的观点，她死得无怨无悔，不欠任何人，也不依赖任何东西，她是我见过的最勇敢的人。"

你已经高一了，我们知道付出会有回报，但无法预料将来的我们会不会比别人好，甚至不知道会不会让家长满意，但是我们却有勇气一路向前。我们需要勇敢地坚守本心，这样才能更接近真理，更接近自己的信仰。

---

① 1磅＝0.4536千克。

高三没有那么累

高三阶段，人人都希望自己能够从容不迫地安排好学习时间，然而事实并非想象中那么简单。

有一天，我看见一位同学拎着大包小包、急急忙忙地走进教学楼，就问他为什么这么着急，他说他帮同学带早餐，不带的话担心好朋友会不开心。

有一天，我看见一个学生在小商店门口站了很久。我问他为什么站在这里这么久，他说他在等待买东西的同学，如果他先走了，担心同学会不开心。

一天，我在办公室接待一位来访的家长，他说他的孩子这几天非常不开心。原因是高三了，孩子自己很想静下心来抓紧时间学习，但他的几位好朋友却不那么省心。他一边想着学习，一边又想着怎么处理好同学关系。这样一来，学习忙，孩子心里更忙。平时很正常的同学关系，到了高三，怎么就成了孩子的困扰呢？

我告诉这位家长，其实高三的孩子不会有那么多杂事儿，更不会有那么多不安的事儿。许多事儿，他说出口了就是很好地处理了。有些事儿，即使孩子不去处理，它也会随着时间的推移变得平安无事了。

人与人之间有关系，有情感。有人要为情感处理好关系，有人要为关系处理好情感，如果左右突围就会很忙。随着他成长，在高三这一阶段，在和好朋友相处时，彼此的关系也会有起起伏伏、分分合合。有交友的喜悦，就一定会有与朋友相处间的烦恼。但在所有关系的处理中，孩子应有一颗从容淡定的心，有一条清晰坚定的理可以遵循。

同学之间在交往的过程中，大家会相互影响、相互促进、相互帮助，但切记，一定不能有改变同学的想法。改变应是自己的事儿，它不是能被同学改变的。如果是你自己想认真听课，即使旁边有同学在讲话、在做其他的事情，你也会很专注地听课。你能以认真与专注去影响、促进同学，却不能以强制要求去改变同学。

做好自己就是稳定同学关系的基础。其实，家长们都知道，孩子是能很好地处理与同学之间的关系的，只是对此有些不放心。但是，大家一定要知道，稳定的同学关系不是通过沟通交流的技巧达成的，而是要先做好自己，有宽容的心，有谦虚的态度，对同学不能有傲气，不能在语言和行动上咄咄逼人。无论有多么大的能力，有多么敏锐灵活的思维，首先应该改变的是自己，而非试图影响别人、改变别人来迎合自己。

如果真的碰到同学关系的问题，大家也不要着急。其实同学之间并没有根本的矛盾冲突，随着时间的推移，大家还会走到一起。当和同学产生矛盾的时候，一定要多问问自己哪里错了，先改正自己的错误，这是修身。当自己改变了，犹如成长的树苗删除了繁枝，你的思路会更清晰；犹如除去了眼里的灰尘，你的双眼会变得更清澈、透明，你就会非常开心且幸福。

以上就是责人不如责己的原理。责怪别人，并不能让别人改变，只能暴露别人的缺点，只能让别人更加难过，与你的关系越来越远。只有找到自己的不足，投入时间去改变自己，你才能深得别人的仰慕和关注，同学之间也是如此。从做最好的自己、改变自己出发，再去影响别人。也希望家长能有耐心去等待和影响孩子，而不是急急忙忙地去改变孩子。

要知道，做好自己才能轻装上阵，高三哪有那么累！

成功是优秀的副产品

成功是优秀的副产品。你努力了可能成功，也可能不成功，但努力了一定会有所收获，它能让你增加知识储备，能让你领略到其过程中的风景。同时，努力也是一种自我成长。

有一次，我问一位学生：近段时间还好吗？他满脸愁容地告诉我："不好，校长。"他说他的成绩老处在倒数几名，所以心里很难过。我知道，他说的事情是真的，他是从外校转学到五中的。因为基础比较差，成绩一直提不上来，为此他感到压力巨大；转学后父母对他的希望越大，他的压力就越大。在一次次的考试中，他的成绩始终在原地徘徊。所以当我问他的时候，他就毫不犹豫地告诉我他的感觉不好，这句话压抑在他心里真的好久了。

我又问他："如果你回到原来的学校，你的成绩排名会靠前，你想回去吗？"他说他不想回去。因为他知道五中教与学的氛围更好，他想要留下来。"不考虑任何条件，如果现在我可以让你到更好的名校去读书，你想去吗？"我接着问，"我有点儿怕，但是想着也是很神奇的。"他答道。我不知道他所说的神奇是什么意思，但我敢肯定每个孩子对未知事物都有好奇心，对未来都有憧憬，也是对自我的肯定。

那就在当下的环境中解决当下的问题吧。怎么样才能让自己的感觉好起来呢？是提高成绩吗？答案是肯定的。怎样才能让自己的成绩提高呢？那就是努力多一点。你努力了吗？如果你一直努力着，而成绩却没有提高，难道不该想想为什么吗？你努力时，别人也在努力着。如果你想通过像现在这样努力来提高成绩，办法就是让别人不要那么努力。只有别人不努力，你才能超过他，这样你心里会高兴吗？你会为成绩超过别人而高兴，但是别人因为不努力而成绩后退了，你心里也会很难过。所以，你是不是一定要超过别人才开心呢？听了我的分析，他犹豫了。我又问他如果你坚持使用自我的学习方式，会开心吗？他说他也不知道。

其实仔细想想，如果你考试成绩排名靠前了，能超过别人，确实能让自己开心。但是这个开心是暂时的，并且只能代表自己一时的成绩，因为你马上又会在焦虑中等待下一次考试。那要怎么办呢？其实是你把成功和优秀混淆了，以至于你没有看清努力和成绩的关联，自己和他人的因果，焦虑是由于认知不清晰、糊涂造成的，如果你能想明白了这点会更好。

在生活和学习上，轻装上阵会更快乐。之所以会忧虑，是因为你无法企及、无法让自己的想法变成现实。那么就让我们轻装上阵，控制所能控制的就行了。

因为他刚从食堂回来，在谈话中我就问他刚才在食堂里想到了什么？他说等餐的队伍很长，他很希望前面的人能加快一点儿，这样才可以早点儿吃到饭。他没有想到今天吃的早饭有哪些营养成分，吃完之后对自己的身体会产生怎样的影响。他只觉得吃饭都成习惯了，能吃饱、吃得开心就好了。他想得多好，轻装上阵，这样吃饭就轻松了。在等待的时候他很急，很不舒服。但着急了就能更快吗？事实上并没有。因为我们无法控制其他人买早饭的速度。他前面的同学也想更快，就连卖早餐的阿姨也已经快得疯狂了。我们无法控制这些，但同时又想改变这些，所以就会很焦虑。

对待学习也是如此，要想轻装上阵，改变自己能改变的就可以了。学习中，如果想有更高的分数和更高的名次，我们自己能改变哪些呢？

早上不赖床，按时起来，你能控制；进教室之后，要大声朗读，不浪费时间，你能控制；不会做的题目，独立思考，真的完不成，一定要和同学和老师讨论解决它，不留下疑问，你能控制；下课要抽点时间用来做作业，你能控制。

你还能控制什么呢？跑操要收腹挺胸认真跑；喊口号、唱国歌要竭尽全力；课前要做预习；把不懂的问题搞懂增加知识量；把试卷上的问题和课本上的知识点相联系，做到融会贯通……这些东西越想就越多，越想你就会越开心。其实，这不正是很好的自我控制、格物致知嘛。

想一想，如果把这些都控制好了，学习起来还会有问题吗？做好自己，控制好自己能控制的，还会留下什么遗憾呢？轻装上阵，做一个优秀的学习者，让成功成为自己的副产品。不以成功为目的，做好每一项学习，过好每一天，这才是我们真正的追求。

最后，我问他还有什么想法时，他问晚上十点之后还需要找个地方看书吗？我的回答是应该好好休息，躺在床上控制好自己的记忆和思维，巩固当天的课堂知识。看着他如释重负般轻松地走向教室的那一刻，我知道，他对未来有了更清楚的认识。

我们要努力做优秀的自己，要把成功只当作副产品。

成人礼的意义

为了成人礼，学校找了部分同学开座谈会。面对即将到来的成人礼，问问大家有什么困惑，很多同学都问为什么要举行成人礼，这个仪式有什么用。以下便是方校长根据自己的思考给出的答案。

——编者按

成人礼举办前，在和部分同学开的座谈会上，我把自己对成人礼的一些看法向同学们娓娓道来：

对于要不要举行成人仪式，大家有思考的权利，但没有决定的权利。如果你对一件事情要不要做而感到纠结，就会很困惑。成人仪式会以什么形式举办，大家有提出建议的权利，但同样没有决定的权利。如果你纠结于每一个程序，纠结于这是不是形式主义，你同样会感到困惑。大家都是第一次参加成人礼，同样也不可能有第二次参加成人礼的机会。关于成人礼，可能你已经听学长、学姐说了一些，也可能对它毫不了解。面对自己人生崭新的一步，你可以带着疑惑参加，看看从中究竟能获得什么；你可以带着惊喜参加，告诉自己已经从未成年到达了成年，为自己高兴；你也可以带着平静的心参加，今天犹如昨天，也会和明天一样，你会平静地度过每一天的每一个时刻。

从形式上看，今年的成人礼更多的是发言、发言、再发言。我建议大家要抛开形式听内容。你的同学在成人礼上讲了什么？家长们在成人礼上讲的和平常说的话有什么不同？校长的讲话和开学典礼上的说辞有什么不一样？他们的讲话有没有能让你共情之处？有没有给你开拓新的领域和境界？如果有，哪怕是一句话、一个新的观点，都是你人生的进步和积累。你如果能够从关注形式到关注内容，这标志着你已走出成人的第一步。

我和大家一样，也在思考举行成人礼的意义。从表面看，我对今年的成人礼要不要举行有决定权，但是事实果真如此吗？

首先我想告诉大家，礼是一直存在的，甚至无处不在。

大家想想看，路修好了，桥造好了，有通车典礼；开学、开工、奠基有典礼；造房有乔迁礼；男女结婚有典礼；孩子出生有沐浴礼；成年有落冠礼；死后有葬礼。清明、冬至、大年初一等特殊时节会有祭祀礼。可以说，礼无处不在。人之与礼，犹如植物需要阳光、空气和水分，看似柔需，实为刚需。在文明社会，人离不开礼。

礼是文明的标志。饿了需要吃饭，你可以用手直接把米饭送到嘴里，也可以把饭盛在碗里，用筷子、勺子慢慢吃。在碗筷很稀缺的时代，把东西装在碗里吃，这是一种奢侈，现在大家会觉得用碗筷吃饭是一种必须。不仅要装好，还要装在干净而又漂亮的碗中；饭菜不仅要健康，更要色香味俱全。大家不仅要吃饱、吃好，还要吃得优雅有礼。吃不仅仅是填饱肚子，也是文明的象征。正如社会学家费孝通所言，许多人在问，中国究竟是人治还是法治？其实以个人的意志为转移的统治是不存在的，中国社会更应该说是礼治。那些看不见、摸不着、不成文的规矩约束着每一个人的行为。礼是中国几千年来传统文化的沉积。表面上看，礼仪制度是对人的束缚；实质上，礼是文明自我和尊重他人的内在需求。如果你能从表面看到实质，能从知道是什么到感受到为什么，我觉得这是成人的第二步。

礼是讲究，如果没有了礼，社会就失去了大部分的社会性，人也就会大大接近自然性。为什么要举办成人礼？礼不能只被理解成人活着的必须，更是人活好的必须。活好就是人要活得精彩、优雅，活得高度文明，且有质量。

座谈会上，有同学问："成人就是独立、承担，走过今天我就能承担了，就能真正独立了吗？可是我觉得自己好幼稚，怎样才能蜕变呢？"

其实，独立是一棵树，完整便是森林。昨天、今天、明天各自独立，把过去、现在、未来相连则是完整。成功学大师卡耐基曾说：今天是昨天忧虑的明天。其实每一天都是今天，这就是独立。每一个今天又都和昨天、明天相联系，它就是完整。今天的你，一定和昨天的你相联系，也一定会和明天的你相似。别渴望走过今天就能承担一切，成人礼不是灵丹妙药，也不能点石成金。也别问走过今天后你是否能独立，其实你一直在慢慢地变得独立。独立不是孤立，成人的独立恰恰是社会各方面的联系组成的完整统一体。人生无须蜕变，你只需做好自己，过好当下，并解决好当下的每一件事儿。

当一个人的自我意识慢慢变强，并且能更好地做自我管理时，为家庭、为社会，就能有更大的责任担当了。记得在 2018 年的成人礼上，我曾和同学们说：面对责任，有担当力的人，就是面对事情从容淡定的人，面对未来有遇见的人，面对自己有自我管理能力的人，面对集体与他人有包容力的人，面对国家社会有满腔热情的人。如果能把个体融入于集体，能把当下和未来相联系，这就是成人的第三步。

如果说今年的成人礼还有什么意义，一个同学说得很好：让心态成熟，就是在自我认知上给潜意识一个暗示，我已经长大了，有一些责任和抱负该承担了。

成人礼究竟还有什么意义？我认为，如果就精彩生活说开去，会有很多意义；如果就人生的结果说开去，就毫无意义了。周国平老师曾说过，人生是一场有意义的徒劳。

高考就是接受祖国的挑选

本周就高考了，真希望大家都能开开心心地进考场，快快乐乐地出考场。

高考是你自己考，靠谁都靠不住，只有靠你自己强大的内心。老师会帮助你，家长会关心你，社会会关注你，但没有人能代替你考试。到最后，高考还必须由你自己来关心，试卷还应该由你自己去完成。困难你要自己去迎接，但快乐却可以和他们分享。凝视你的微笑，他们能体会你的快乐；看着你的眼泪，他们只能为你干着急。人人都想考好，但不是人人都能考好。想要考好只能靠你自己，靠你自己强大的内心。别怨天尤人，别胆战心惊，请握紧拳头告诉自己——我一定能行。

高考是什么？

高考是一场不能拒绝的约会。请你把自己打扮得清清爽爽地去赴约，请把心收拾好再轻装上阵，轻轻松松、真心诚意地去约会。这是一场你与自己的约会，主人是你，客人也是你；这是一场心与心的约会，更是一场智力的交锋，是一场心力的交战。只有战胜自己，才能约会成功。

高考是一场没有输赢的较量，你要做到好好发挥。有人说没有考上好大学就是输，考上好大学就是赢。什么才是真正的好大学呢？有利于你人生发展的，能够让你满满幸福的，适合你的大学才是最好的大学。对于整体而言，好大学会有985、211的区分；对于个体来说，生命的精彩，尽在每一天的幸福里。在每一场考试里，你只有目标，没有对手。你自己想考好，但是从没有想过让别人考差。每一次考试的结果，人们都会有喜有忧，但是不会论输赢。高考是人生考试的一次试笔，也是人生舞台的一次现场直播，在这里，没有输赢，只有自我展示，让自我尽情地发挥，开心与否尽在你自己。

高考更是一场学生们必须参加的，国家选拔人才的活动。在这里无须偷偷摸摸，只要光明正大，这是场有千万青年才俊共同参加的活动，他们相互促进。高考是世界上最宏伟，也是最伟大的选拔。今天，大家已准备好迎接挑战，接受祖国的挑选。高考是一个大舞台，想说，就要志在讲台；想飞，就要志在蓝天；想振兴民族，就要胸怀祖国；想心怀人类和平与发展，就要包容世界。

高考已来临。王阳明曾说，一切的天理、真理、道理皆在人心，一个人如果用心，天下就没有难事，因为若心外无物，一切事都是心上事，就看是否专心、用心。所以，当想法迸发的时候，你的心就自然知道，如果是善念就留下；如果是恶念，就用你那颗真心诚意对待高考的心去狙击它。

让自己的心静下来，别管山雨是否将至，唯有你心不为其所动，最终才能获得成功。让你的心强大起来，心外无物，你才能登上新时代的舞台。你要静静地迎接高考，轻松地走出考场，充满信心地步入社会。

高三：风景这边独好

离首考还有 40 天了。高三教师的微信朋友圈里，一位老师发的两张图片深深地吸引了我。第一张图片是：距离首考 40 天，还有 952 小时；第二张图片是：你为梦想而努力，我为你们而努力。短短的两句话，却带给我良久的感动：在首考的路上，大家并不孤单，所有的老师都在和学生们一起前进，既殷切期盼着，也深情陪伴着。展望首考，学生们在为梦想而努力，而所有的老师也都在为他们而努力。这是全体老师共同的心声：一路上有你，苦一点儿也愿意。

高三不是灰色调的，它的层次感告诉着我们——高三，风景这边独好。

风景之一：专注是高三首考必胜之基。保持专注的高三真的与众不同，不管早自修、晚自修，还是下课，高三的同学们做到了对学习的专注。以前我到高三的教室走走看看时，总是有很多孩子与我相视相望。今年我感觉特别寂寞，因为看不到与我相望的眼神了。寂寞之余，更多的是欣慰，大家专注学习的劲头深深地温暖了我。有一天早自修，我走过高三年级，来到了高一年级的教室，发现两者间存在很大的反差。于是，我让部分高一年级的班长和学习委员到高三年级的教室走走看看。他们回来后告诉我，没有人抬头看他们，就连站在走廊里读书的学哥、学姐们也完全不受他们的影响，他们真是开眼界了。学生们说："专注就意味着我们要得不多，我们只要努力学习，只要周测能够好一点点，只要首考能够胜利一点点，只要高考比别人好一点点。无欲则刚，欲少则强，高三的学习须抓铁有痕，题目不弄深弄透，就绝不回头。"因此，所有人都必须相信并做到要的不多，目标一定要清晰，才能心想事成。专注是我们首考必胜的坚定理由。

　　风景之二：懂得互相帮助，首考才必胜。附中平台，精准提分。五中是幸运的，有社会的认可和市委市政府的帮助。挂牌浙江师范大学附属兰溪实验高中实属不易，这是历史的机遇，也是学校跨越发展的平台。面对未来，我们都会更自信；在这里，教学节奏可能更快，但是跨出的每一步都感觉很踏实。这一届的高三学生也是幸运的，成了浙江师范大学附属兰溪实验高中的首届毕业生。这个平台有精准提分的悉心指导，有纷至沓来的前沿学习理念。在这里，"同学是资源，老师是资源，家长是资源"，之前人们太习惯于周边的一切了，甚至把它们都当成了空气，理所当然地循环往复地呼吸着。但当人们停下来进行思考时，便会豁然开朗了，才发现同学是资源，不是对手。平日里，看到别人用功你也用功，看到别人放松你也放松，慢慢地你就会发现自己总是为他人所左右，得不到快乐的人永远是你，形不成良好学习习惯的人也是你。其实，同学是你最大的资源，是彼此相互学习的资源。比你优秀的同学帮助你解决难题，就给了你一次接受老师帮助的机会；比你薄弱的同学给你机会帮助他解决难题，则给了你一次当老师的机会。后面这次机会要比前面这次机会更重要：前面是你解决了一道题目，而后面是你必须先解决此类题，才能把同学的难题给他解释清楚。同学是资源不仅体现在学习上，还体现在晨读、晚读、吃饭、睡觉、周末、外出等多方面。不要把同学当成竞争对手，在学习中你真正的对手只有两个：一个在远方，另一个就是自己，战胜自己就能战胜一切困难。此外，不仅老师是资源，家长也是资源。认识到这些资源后加以合理运用，就能不断超越自己，就能首考必胜。

　　风景之三：懂得时间的分配和利用，首考才必胜。今年的高三年级，学生们过了个不一样的暑假。老师们没有像以前那样忙于补课。学校所有的领导干部到浙师大进行了整体培训，把高三年级的教学计划和德育计划细化到每一周。全体老师都深切地认识到：时间就是师生们最大的资源。时间的利用和分配会深深地影响到每一个学生及每一门科目的成绩。在此基础上，学校对所有科目的课内外课时都进行了整体安排，即教学进度、课时、周测、作业时间、考试时间、阅卷时间、激励方法，甚至连分析试卷的时间都事先进行了细致的讨论和详尽的安排。虽然这一学期的学习节奏很快，但是进行起来却很从容、很踏实、很稳定。学校取消了两次大考，只在11月参加了十校一模的考试，虽然学校很少进行规范卷的全卷训练，但学生的整体成绩很不错，很值得鼓励。白天，在课程表的指导下，大家对时间进行了很好的安排；晚上，又在年级组的统一指导之下，对各学科的所有作业时间进行了安排。大家遵守得很好，这也大大减少了因完不成作业而给学生们造成的纠结矛盾心理。作业应该做好，但绝不能做过分的作业，要根据自己个人的能力量力而行。高三真好，好在大家很好地提高了时间的利用率，把时间分配到位。只要大家根据安排把每一个时段用好了，首考就必胜。

学习上，你最大的担心是什么

——和准高三学生的一次交流

高考结束后，准高三的家长和学生开始忙碌了。在一个周一的下午，一个学生来到我的办公室，看他压力很大的样子，他说自己总觉得心里不太舒服。于是，我给他倒了一杯水，让他坐下来和我仔细说说。

学习是久久为功的事情，对于打扰到我们内心的事情，我们可得想明白，对于有疑惑的事情也要想清楚。

这个孩子说他最大的疑虑就是他的成绩不如别人好，就算他努力了也没有收获。我问他努力后想取得怎样的收获？他说希望他的成绩能够进步，能够比别人好。他努力着，但成绩进步过，也退步过。他觉得自己很努力，至于为什么会退步，他认为可能是由于别人比他更努力吧。我给他分析："成绩的进步和退步，不仅跟自己是否努力有关，还跟别人是否努力有关。所以，我们不能因为自己努力了而成绩没有进步就否定了自己的收获。其实，我们努力了，就一定会有收获。至于成绩没进步，是因为别人在近段时间的收获比你更大，但你不能否定自己的收获。"此时，他的神情还有些迷茫，我又向他举例说明："比如今天你努力学习了，背诵了 5 首古诗，记忆了 10 个单词，完成了同一类型的 10 道数学题目，你告诉我你收获了什么？""我收获了对语文和英语知识的记忆，收获了解题能力的提高和同一类型题目的归纳整理。"他答道。"此时，别的学生背诵了 10 首古诗，记忆了 20 个单词，以及完成了更多数学题目的整理工作，这时老师给你们抽测。正常情况下，这个同学的成绩，会比你的高一点儿，对吧？"我接着说。答案是肯定的。别人成绩比他好，是不是意味着他的学习就没有收获呢？在现实生活中，有时我们确实会被一叶障目，成绩一提高就会自以为是，成绩一退步就对自己全盘否定。其实，在任何时候我们都要坚定地相信，在学习及做其他事情上，只要付出就会有回报。一滴水，当被洒入沙漠时，它就能吸收热量；当融入大海时，它就能产生美丽的浪花。我们要相信自己，然后大胆、放心、义无反顾地去学习，要坚信付出了就一定会有收获。

有时，既使你努力了成绩还是不如别人好，就会陷入迷惑。但是，学习、分数、排名确实就是如此，有检测就会有分数的高低，也会给学生们带来一些暂时的迷惑。但是，一定要相信这是暂时的现象，只有把它想明白了，内心的谜团才会慢慢地变得清晰。同学的成绩比你好，你迷惑了；同学的成绩没你好，你就开心了吗？每一次检测的成绩都会有高有低，如果大家都是这样，处在迷惑与被迷惑之间，检测的目的就达不到了。学习是对知识的积累，让大家的知识储备更完善，而检测则可以找到知识的薄弱点以弥补之。这是日常检测最重要的目的，不能忘了这一目的，不能被最简单、最表浅的分数所迷惑。要明白，当我们被分数所迷惑时，学习就舍本逐末了。

在学习的过程中，有时幸福感就来自和他人的比较中，但是这种幸福是功利的、表面的，而不是持续的、长久的。

有学生跟我说，幸福是一种心态。能坚守内心的宁静，不忘初心，那你行走在学习的路上时就是幸福的。不比成绩比态度，专心致志做题是态度，全神贯注听课是态度，独立思考、不屈不挠是态度，一天天、一年年的坚持求知、修身更是态度。当大家不忘学习初心，持之以恒地行走在学习与成长的道路上时，你会发现每一天的学习都是幸福的。即使偶尔也会因考得不好而略感失落，但这种短暂的失落马上就会被持续而来的学习过程和学习态度所冲淡。

升入高三年级后，大家会更关注自己的学习，也会更关注学习成绩。此时，我们更得想明白为什么学，应该怎么学。一定不能成为分数的奴隶，要做分数的主人。每一个孩子都拥有一颗爱学习的心，都想让自己的学习好起来，这点是毋庸置疑的。所以，作为父母不要怀疑自己的孩子，学生更不要怀疑自己。

到高三了，我们要改变的不是让自己进步的心，而是态度。要专心致志地做作业、全神贯注地听课，课堂紧跟老师，错题多次重复强化，重点紧盯不放；要改变的是我们的想法，好的想法要坚持，不好的想法产生了就要将其扼杀。大凡立志成学者，必先苦其心志，劳其筋骨，饿其体肤，空乏其身，行拂乱其所为，所以动心忍性，曾益其所不能。处在困难期时，当不好的念头产生时，要立马消除。在学习的过程中，要不断地鼓励自己，让好的想法不断地激励自己。

在我们为好分数、好大学、好工作、好生活努力的同时，还要修身齐家，还要为往圣继绝学，更要为万世开太平。

高三学子的秘诀：想明白，静得下，忍得住

想明白是智慧，静得下是行动，忍得住是意志，高三学子须在知行意上统一。

第一，想明白。想明白是智慧，大道至简，但想明白不容易做到。请看以下三则故事：

故事一：古人背着竹竿进城门，担心得要死，横着竹子在胸前，不能进；竖着竹子在头顶，也不能进。究竟该怎么办？有人提示他拖着竹竿，让竹子跟在人后头进城门，此人大悟。

故事二：谁能把鸡蛋立在桌子上？一群航海人左顾右盼，皆不得法。而哥伦布拿起鸡蛋往桌面上轻轻一敲，鸡蛋就稳稳地立在了桌子上，众人很是惊讶。正因为哥伦布的想法标新立异，所以他才能发现新大陆。

故事三：儿子骑在驴背上，父亲牵着驴走，有人说儿子不孝顺；父亲骑在驴背上，孩子牵着驴走，有人说父亲真狠心；两个人都骑在驴背上，别人指责他俩说，这是要把驴累死呀；两个人一起牵着驴，又有人说这对父子可真傻。一些事情如果自己不想明白，便真的寸步难行。因此，想明白是主见，是价值观，更是智慧。

孩子们来学校是为了什么？当然是为读书。高三该怎么读？当然要认真读。高三阶段共有 10 个月，也是 40 个星期，怎么度过高三，学生们应该提前想明白，教与学更应该有规划。有人认为：读高三肯定为了考大学，考大学肯定为了有个好工作，而有好工作肯定为了过更有意义的生活，那有意义的生活又是什么……这一切都对，但也不全对。我建议大家先想想读小学为了什么？读初中为了什么？高一、高二时的学习状态是什么？

明天不一定是今天的目的地，但今天的目标你须尽力达成；今天可以为明天打好基础，但是明天不会成为今天的全部设定。其实，高三和高二一样，都是人生的一个阶段，是终身学习中的一段过程。高三会呈现出一个很重要的阶段性成果，但它依旧只是终身学习的一个阶段。因此，我们要培养好学习习惯，要心无旁骛地专注于学习。如果你读高中纯粹是为了考大学，那么大学后还要继续读书吗？大学毕业之后还要继续学习吗？工作之后，如果不考试了，还要看书吗？答案一目了然：要坚持终身学习。高三只是人生终身学习不可缺少的一个阶段，虽然会有重要的阶段性成果呈现出来，但却不是全部，只要过好高三的每一天就足矣。今天是你昨天忧虑的明天，人生99%的忧虑不会发生；过好今天，不浪费当下的每一分钟，则人生99%的目标都能够实现。所以，大家能做到心无旁骛地专注于高三的学习足矣。

第二，静得下。自修课鸦雀无声是全音静，早晚自修课上的读书声是噪音静；入室即静，入座即学是身静；入寝上床，好好休息是身静；心无旁骛，专注学习是心静；说话温文尔雅、慢条斯理，做人落落大方，做事收放自如亦是心静。静，是该发声时踊跃发言，不该发声时守口如瓶。能静得下，并非易事。

关注当下才能静。有同学告诉我，步入高中的那一刻，他心中就绘有美好的蓝图；但是一次次考试的失利，总让他心烦意乱，怎能静得下来？因为过去的失败，他总担心着未来。大家都明白，过去已成定局，无法改变；未来还未到来，无法预判。他却总是忧虑。可见，无法活在今天，也无法关注当下，因此他总会忧心忡忡，总会心烦意乱，以致无法静心专注。其实，只有先学会了享受当下美好，关注当下精彩，过好当前的每时每刻，才能算是真正静得下来。

化繁为简才能静。有同学告诉我，高三是高中的最后一年，他要努力把该做好的都做好：学生会要换届选举了，他得把学弟学妹们一个个带好、教会，直到没问题才能放心地把学生会的工作交接给他们，殊不知换届后学生会的工作早就交接完毕了。还有同学说读书是重要的，可处理好同学关系也是重要的，因此会用许多成人的方法来处理和同学间的微妙关系。但是，在高三的同学关系中，最重要的是相互学习、相互鼓励，如果能把互相学习和处理同学关系合二为一，那就是化繁为简了；还有同学跟我说读好书很重要，可处理好家庭关系更重要。事实上，父母把很多注意力都转移到了孩子的学习上；与此同时，当孩子也把注意力集中到学习上时，父母和孩子的关系自然就融为一体了。这样一来，同学关系融洽了，家庭关系和谐了，学习成绩也就进步了，你整个人就能静下来，就会心不烦、气不燥，心的宁静自然而来。

第三，忍得住。忍是向内的修行，忍得住方有力量，忍得住方能坚持，忍得住方有幸福。忍有难、有易、有简单、有复杂、忍饥、忍饿、忍寒、忍热、忍苦、忍痛都是忍，一般饿比饥难忍，寒比热难忍，痛比苦难忍。不同的人，所处环境不同，感触也会不同，其难易、简单、复杂也会有所变化。最难忍的就是气，经常有人说道，人活着就是为了一口气。于是，常常有人因为忍不下一口气，放下了当下，丢弃了最好的学习时机；常常有人因为忍不下一口气，和亲人发生冲突，事后懊悔不已。上最后一节自修课时，你可能会饿，如果你提前溜出教室步入食堂，反复暗示自己说，偷跑可以少排队，少浪费时间，回来可以多学习，那么你就想错了，这步"忍饥"你就失败了。

现在的社会物质丰富了，人们食能果腹、衣能蔽体、吃得舒服、穿得漂亮，而且夏天吹空调，冬天多穿衣，似乎无须再忍热、忍寒。其实不然，热天里，当你晨跑完回到教室的那一刻，有没有马上占领空调的出风口？兰溪的梅雨季节又闷又热，当你汗流满面地从教室走进食堂时，有没有让汗水独自静静地流淌一会？寒冷的冬天里，你有没有练就坐冷板凳的功夫，是否时刻把手塞进口袋，是否每次下课都要跑去装热水？离开父母求学，当你身体不适时，你能够自己去校医务室求医，能够独自面对身体的病痛吗？其实，你可以完全依靠老师、父母去解决碰到的任何问题，也可以忍受着独自去处理。忍是让自己强大，是依靠自我去面对和处理自身所面临的问题。

忍气是最难的。有同学曾告诉我，当别的同学在食堂踩了他的脚，不仅没道歉、还漫不经心地继续和其他同学聊天时，他就是忍不下这口气，看不惯他这种样子。事后经过了解，原来踩他脚的同学并不知情。也有同学曾告诉我，他最看不惯他们班的某某同学，说他虽然书读得好，但老摆着一副盛气凌人的样子。但是，当我和他所说的那个同学交流时，发觉这位同学并没有盛气凌人，也许是他的某种习惯让别人误解了，他表示要和大家好好沟通。还有同学跟我说，他们班的某某同学真是太过分了，竟然对另外一位同学吼："我这鞋买时5000多元呢，你这辈子都别想买得起。"他真的无法忍受这样骄横的同学出现在自己的面前。为什么无法忍受他呢？他说买不起，你的同学就真的一辈子也买不起了吗？如果以后他买得起，这就证明他说的这句话是错的，为什么拿别人的错让自己生气呢？何况事物都会变化着，你的同学今天错了，明天他可能就改正了；即使他改正不了，你也不能要求每一个同学都必须是完美的。世界本就不完美，所以要接受身边的不完美。

其实，忍不是逆来顺受，更不是忍气吞声，忍是对同伴的理解，是处理事情时的格局和境界。

高三很难，难在想不明白，静不下来，忍不下去；其实高三也不难，做到"想明白，静得下，忍得住"，便什么都不是难事了。上一届的高三有许多班级都把这9个字当成班级的座右铭写在后面的黑板上，班会课时大家也经常讨论这9个字，并从中悟道理、找方法。在高三，无论是学习还是生活中遇上困难，一旦想明白了，内心自然就宁静了，学习也就有源源不断的动力了。

和孩子们谈谈"专注学习"

什么是专注？专注就是静心、滤思、养性。专注能让心静下来，让自己的想法、意念能被好好地过滤一遍，分辨出并留下好的想法，从而养成高三学习的良好习性。

那么，如何练就专注力呢？梁启超先生的方法是先消除杂虑，然后到事上去磨炼内心。他曾说过练心的方法分为两种：一种是收敛其心，收视反听，万念不起，使清明在身，志气如神。进入高三后，如果你还身在高三，心在他处，就应该收敛心神，让自己的心回归高三、回归学习、回归每一堂课、回归每一道题上来。你应专注于课堂，不该看的就别去看，不该听的就别去听。若说这些做起来太难了，可是如果不难，还需要大家去认真学吗？其实学习就是一个自我强大内心、修身养性的过程。

梁启超的另一种方法就是纵心（事上磨炼）。遍览天地之大，万物之理，或是模拟一件困难事儿摆在眼前，你要如何来克服它？最好能想象一下，在生死存亡关头你该如何行事？若日日思之，便熟能生巧，将来一旦有事，你就可以把模拟的解决办法放到现实，它必能助你渡过难关。心是否宁静、当时所想是否正确不能光凭说，你要通过学习与实践去检验。早读、上课、碰到难题了，你够专注吗？活动之后你能够让心马上安静下来吗？高三的每一件事情都能检验我们的心是否够专注。若稍有偏差，就要马上自行修正。既能让心归于寂，也能驰骋万里，万里即是高三的舞台，知识的海洋。大家要守住宁静的心，用无比的热情走进高三、坚守高三。

我们需要专注于高三，专注于成绩，专注于高考，专注于每一堂课、每一道题。高三其实是一个既短暂又漫长的过程，每一天、每一节课自己内心的需要都会有所不同。饿了、累了，都会导致你的注意力转移。面对形形色色的外界、各种各样的诱惑，我们需要专注于整体以及学习目标完成的需要。究竟要专注于什么？首先你要清楚自己到底需要什么。那颗专注于学习的心，一定会告诉你该怎么办，该怎样做？

要怎么专注呢？在专注的过程中，若只专注于此，自然也会失去彼。甚至有时你专注的事情并不是最精彩的，而是最辛苦的和最难预知未来的，或者表面看起来是精彩纷呈的，却时时撼动着你内心的事情。为什么？你该怎么办呢？我们还得学习，向优秀的人学习，向贤者学习，向圣人致敬，见贤思齐，见不贤而内自省。碰到问题时，要问自己：圣人遇此会如何？早读课，优秀的学长学姐怎么做的？碰到了难题，学校曾经的高考状元是怎么解决的？这道题如何处理，先独立思考还是马上问老师？成绩进步最大的孩子他会怎么办？在学习和思考时，如果迷茫了，就得先问问孔子碰到这些会怎么做？如果困了、学习累了、想放弃了、思想松懈了，要问问韩愈碰到这类问题怎么办？解决问题的人和方法，在书本里，在学习中，在我们每个人自己的心里。

要想专注，首先要学会放弃。我们都会有一些自然的习性，也就是习惯。好习惯益终生，如果是不好的习惯你肯定要放弃。坏习惯时时影响着你的专注力，这就是你最大的麻烦。记得我曾经碰到过一个高三的孩子，他的桌子上和窗台上堆满了各种各样的生活用品。我问他怎么有那么多东西？他解释他的胃一直不舒服，这些是胃药，说着他把一大包胃药整整齐齐地放在了桌子上；为了泡药，他得有茶杯，有调羹；他说他的嘴唇一直很干，于是准备了唇膏；他说他皮肤水分很少，于是准备了护手霜与护肤霜；他说他喜欢戴隐形眼镜，又有了隐形眼镜的盒子，还备有消毒液等；因为每天他都要吃点儿水果，还备有刨水果的用具。此外，他还有形形色色的学习用品，他的笔就不少于 10 支，另外他自己所产生的各种垃圾，已经满满地装好一袋了。和他沟通结束后，我知道他这些做法真的没有什么错，应该鼓励他对生活的精细化。但是我可以肯定的是，他已经专注于周围的其他事情了，不再只专注于学习了，这种舍本逐末的做法不可取。

　　高三的学习是一场没有硝烟的战争，这里有异常激烈的竞争，如果想要成功，就要异常专注、就要向前冲。只有先专注于学习而暂时放弃其他，才可能高考大捷。

学就好好学，玩要适当玩

——再说说专注学习

当我让孩子们用一句话告诉我什么是专注时，孩子们纷纷答道："上课认真，做事儿一丝不苟就是专注。""沉浸于学习无法自拔就是专注。""该读书的时候一定要非常认真地读书，该玩儿的时候要适当地玩儿才是专注。""在一个不怎么安静的环境中，也能沉浸于自己的学习，不受外界的干扰，用心超越环境就是专注。"

当我问到他们班的"专注之星"给大家最深的印象是什么时，孩子们接着回答："我们班的专注之星每天来得特别早，下课也在奋笔疾书写作业，听课时眼睛却是放着光的，感觉已经和老师融为一体了。""我们班的专注之星，他从不打扰别人，别人更无法打扰他。""上课认真摘笔记，非常高效。""早上我来得迟，她很早；我来得早，她更早。我们会在一起学习，但她却很少讲话……"

聆听着孩子们发自内心的话语，我深有感触。专注是一颗非常宁静的心，执着于一个公认的理，一天天、一年年都在非常具体的学习事务上慢慢磨炼。专注有形式但不只专注于形式，专注有内容但不拘泥于内容，专注有成效，但不能以成效判断主人是否专注。

平时大家经常会提到这样的事情：父母会要求孩子在看书的时候把手机放下来，要求孩子学习的时候不要哼着小曲、不要听音乐、不要吃零食……我不知道当孩子听到父母这样要求的时候，他们在想些什么？如果孩子问你们学习时为什么可以看手机、吃零食、哼小曲、听音乐时，不知道父母又会怎么回答。这和专注有很大的关系，不管孩子怎么做，或者做什么，父母关注的都是孩子是否专注于学习。

我们经常会听到一些让人受益匪浅的故事。

故事一：祈祷的故事。有人问牧师："我祷告的时候可以抽烟吗？"牧师回答："不可以。"这人又问："我抽烟的时候可以祷告吗？"牧师回答："可以。"其实，教徒的专注是不拘泥于形式，只专注于心中的主。祷告的时候抽烟是对主的不尊敬，是对主的不专注；而抽烟的时候都能祷告，这是对主的大敬。所以在学习时，你也要分清主次，分清需要什么，知道自己应该专注于什么？专注于学习时，你可以同时做很多事情；不专注于学习时，所有事做了都会错。因为任何事情都有主次之分。

故事二：心中有佛，背上女子就是修行。当老和尚带着他的小徒弟过河时，看见一个弱女子不敢过河，想要师徒帮忙背她过去。小和尚赶忙说："这可不行，出家人要持戒，不能接近女色。"而老和尚二话没说，背起女子就过河，过河之后放下就走。小和尚生气了，说："师父，你不是说女人像老虎，不能接近吗？那你干吗还要背她呢？"老和尚笑笑说："我早就放下了，你怎么还背着呢？"当你能自主自律时，当你专注学习的心足够强大时，在其他事情上也一定能拿得起放得下。你得先有一颗专注于学习的心。

《传习录》讲专注。陆澄问："主一之功，如读书则一心在读书上，接客则一心在接客上，可以为主一乎？"先生曰："好色则一心在好色上，好货则一心在好货上，可以为主一乎？是所谓逐物，非主一也。主一是专注一个天理。"如此看来，专注于学习，还不能仅专注于学习。没有分数，走不过今天，分数很重要，但分数绝不是最重要的；只有分数，走不进明天，为明天、为将来、为国家社稷进行的学习才是学生求知的标准，才是专一专注。《传习录》的这段话，我担心孩子们无法接受其中的论点，当看到孩子们为自己班级的专注之星所写的颁奖词时，我就毫无担心了。

以下文字是摘录孩子们写的部分颁奖词：

上课时，认真听；下课时，在喧闹的人群中，不是在写作业就是静下心来看书，她每天学习时间不闲聊，尽可能利用好每一分钟时间来学习。

——二（13）班徐英豪

无论在家还是在学校，她都能表现出超凡的毅力，欣赏她始终如一的自律，赞叹她工工整整的作业和笔记，相信坚定的信念和永不疲倦的努力一定会成就她的梦想。

——二（12）班童依

你锋芒不露，也不流于庸俗，你将坚持作为信仰，将专注作为态度，用执着书写自己的人生。

——二（11）班陈柯妤

无论外界环境如何，都能够十分静心，埋头于学习，课余时间作为班里的学习委员，做事认真负责专注，方方面面做到极致。为同学们服务，乐于助人，不厌其烦地帮助同学们解决学习上的疑难问题，并积极地分享自己的学习经验，他入室即静，入座即学，入学则忘我。

——二（7）班郭俊彦

你的优秀众人皆知，你的专注有目共睹，每天最早出现在班里的非你莫属，每天最晚离开教室的必然是你，你的早晚读非常忘我，真的是"两耳不闻窗外事"，有时着迷得甚至连上厕所的时间都拿着书本，你知道你自己在干什么，因为你的眼中有光。

——二（6）班邵珈

她的身上有着为了理想和目标而奋斗的少年风姿，值得我们学习。

——二（4）班陈玮

沉浸在自己的学习中时，仿佛周围的人都被他隔绝了，在他的身上能找到专注的最好解释，也能知道专注带来的优秀。

——二（3）班范泽奇

上课的老师都说他眼中有光，身旁的同学都讲他的眼中有光，所有认识的人都说他的眼中有光，那道光很安静，很坚韧，透露着他追逐梦想的强烈信念，也传递出他专注如一持之以恒的精神风貌。

——二（2）班赵恬

学无止境和终身学习

《劝学》首句曰：学不可以已。意为生命不息，学习不止。大凡学有所成或学有专长者，要么是在实践中成就学习，要么是通过学习内化修行。当学习知识不再是少部分人的特权时，人们就需要思考学无止境和终身学习了。

一、学无止境，先要做好当下能做的学习的事

想要禾苗茁壮成长，就要做好除虫、施肥、灌溉等工作；想要大树枝繁叶茂，种植、栽培、灌溉需一一落实到位。树木吸收营养日夜生长继而枝繁叶茂的结果你无法控制，但会体现在种植、灌溉、栽培的过程里。我曾经问过很多孩子为什么要认真学习，他们回答道：为了能提高成绩要认真学习；为了能考上好的大学要认真学习；为了今后能有好的工作和生活要认真学习；为了人生有更多的选择和更大的自由要认真学习……通过学习，这些目标都能达成，但是在当下又很难看到效果。其实，学习也应该如培养禾苗和种植大树那样，要好好遵循规律；禾苗的茁壮成长，蕴含在农民的种植、灌溉和施肥里；大树的日夜生长、枝繁叶茂，在主人的种植、灌溉、施肥里。你只要做好当下能做的，用心完成每一次听课、每一次作业，每一道难题，努力提高每一堂课的听课效率，减少每天不必要的时间浪费，做到早起晚睡，专注学习，甚至静心虑思，修身养性，暂时先放下其他而专注于学习，慢慢地你就会发现：成绩的提高就在日常的学习生活里；名校的大学录取通知书就在一次次的考试里；更好的工作和生活就在你的学有专长里，在

你持之以恒的品质里；更多的选择和更大的自由就在你豁达的心态里，在你一次次日常的坚持里。梦想就在那一天天的早起和晚睡里，在那一日日的坚持里，在那全身心地投入在对学习的关注里，实现了做好此时此刻你应该做的、能做的，就是最好的学习。

二、学无止境，要心如止水

如果你懂得学无止境，就别苛求暂时的回报；不是没有回报，而是你希望得到的成果和呈现出的结果不一样罢了。曾经有学生跟我说："我已经坚持努力学习3个月了，怎么成绩上还没有超过某某呀？"我告诉他："想超过别人，除了你的努力还要正视你的懒惰。你努力时别人也在努力，虽然你在学习上会有很大的收获，但在成绩上却不一定会超过别人。""那是不是我再努力、再坚持也不会超过他呢？"他又问。其实，从理论上说，如果别的同学的基础比你好，而你们又一样努力的话，想超过这个人很难。但事实上，只要你坚持努力，并且方向正确、方法正确，即使超不过某个人，但也一定会超过许多人。在现实中，只要你能足够久地坚持努力，就一定会有心想事成的满意收获。也有学生跟我说他高中努力了3年都没有超过某个人。我问他是否后悔，他说不后悔，正是因为有了这个人，他才能持续地努力，虽没超过他，但也超过了许多人，同时这个人成了他崇拜的对象。现在，虽然有时他还会盯着别人，但他已经懂得学习是自己的事。努力学习就一定会有收获，但是分数不是努力学习的唯一理由。学习需5年、10年、20年，甚至更长时间的努力才能初显效果，学习就是一种生存方式与行为习惯，学无止境，与学习为伍、和学习为伴就必须心如止水。

三、学无止境，要为内心的幸福和安宁而读书

我们不能因为久久没超过别人而停止学习，而是要为了自己而坚持一辈子学习。常听人感慨，为何有人好学却总学不好？为何有些人为善却得不到善终？为何有些人为恶却寿终正寝？王阳明说："圣如尧舜，然尧舜之上

善无尽；恶如桀纣，然桀纣之下恶无尽。"其实善恶也没有止境。正由于善恶没有止境，所以善恶虽有报，却未必是善有当下善报，恶有当下恶报。那么，既然为善为恶都没有止境，人们为何还要为善去恶呢？我曾在和一同事玩笑时问他，当一个学步的孩子踉踉跄跄地跌倒在你面前时，你会怎么做？他说马上扶起来。我又追问他为什么要扶，是否考虑他是朋友或者邻居的孩子时，他说自己不会这样想，扶起孩子是很自然的行为，这么做了自己的心才能安宁。确实，为善去恶自是内心的安宁。其实学无止境又何尝不是如此呢？学习有比较，但不是为了比较；学习有竞争，但不纯为了竞争。其实，学习也是内心的宁静和对善良执着的坚守。

第三篇

致管理层：学校建设面面观

精准提分之作业校本化

作业校本化，是教学改革的深水区，不仅有难度，而且推进也要有力度。作业校本化，事关教学效率的提高，也事关备课组的建设和教师的成长。为真正推进作业校本化，我们应该坚持落实以下几个方面的措施。

第一，坚持一个中心：以时间管理为中心。时间是人生最宝贵的财富，也是最重要的标尺（距离的标尺）：要做好周课程的设置，课程表不设自修课；也要做好晚自修学科作业时间的总体分配。时间管理是中心，也是抓手。此处的碰撞观点是：所有到位的时间分配和培养学生的自主学习能力是否形成矛盾——初中阶段完全不自主，到高中阶段自然不能一步到位；能力是引导出来的，而不是给他时间自然而然就形成的；我们要对学生有更紧密的关怀；要把作业时间管控到位，任课老师布置作业不可随意，要留给学生更多能自主安排的时间。

第二，坚持两化原则：作业考试化，考试作业化。什么是完成作业？度量的标准只有时间。规定时间之内，积极做该学科的作业，时间到了，作业就完成了。不是说把老师布置的题目全做完了，才叫完成作业；也不是说只有把老师布置的作业全做对了，才算完成作业。我们做作业要像考试一样，规定时间内沉着冷静作答，时间到了就考好了。只有考试化的作业才能高效，在面对真正的考试时，只有天天坚持考试化做作业的孩子，才能有真正高效的发挥。

第三，坚持两个杜绝：杜绝订阅任何现成的统一资料，包括杜绝老师统一推荐购买的教辅。只有在经过老师自主整理后，那些正式出版的资料才能真正成为对孩子有用的学习材料。名校卷只会更适合名校的学生，高考卷才适合所有的学生，有时名校卷真的不如地区的模考卷。对老师们来说，有现成的资料就不必再去编写校本化作业，这两者是矛盾冲突的，它们是有你无我的关系。我建议备课组的老师应该多浏览、多购买相关资料，任何商业化的外来资料都不适合原原本本地进入课堂。

杜绝备课组利用已有资料将整个学期或全年的作业编印成册。这是表面化的作业校本化，真正的校本化作业，是将本周或当前所出现的有关学生作业的问题，编写到下一节和下一周的作业中去，以便巩固。上一届或者前几届学生作业的错点和难点，只能当成参考；而本届学生作业的难点和错误点，必须在当下产生，并在当下解决。如果只根据前几届学生的情况事先编好资料，这和利用名校卷并没有本质差别。只有将每天、每周学生未掌握的知识点，以题目的形式制定到日限时练和周测卷中，才能真正让学生巩固自身的不足，教学才能新鲜，才能真正地吸引学生，从而学得高效，达到事半功倍的效果。

首先，要坚持三种作业：一是预习作业，以学案形式发放给学生，一周一次；二是巩固性作业，巩固当天课堂的知识点，每课一练；三是总结性作业，两周一次，以学生自我总结为主，以老师提供作业为辅，可以在试卷上留有空白，让学生上交自我总结的作业，老师可以在学生的总结作业中找到学生的薄弱点，再用于周测和月考卷的命题。

其次，要坚持四个要求：一是量的要求。日习作业量不能过多，也不能过少。班级里中等水平的学生完成作业的时间就是老师出题的标准。严格把控作业时间，尽量让中等学生的作业留有余时；优秀学生能自主完成作业，在规定时间内做好本学科作业后，可以准备说题。这样，既能培养此类学生的综合能力，同时也能让他们为老师做好辅助。二是质的要求。基础题、经典题、难题层次要分明，难度系数要控制在 0.7 以上，经典考题要以不同的角度命题，难题要分步出题，题目要新颖，学生要喜欢。三是批改的要求。学生有做，老师必改，全批全改。对错误率要有统计，针对那些错误率高的，必须掌握的题目要进行滚动纠错。四是反馈的要求。正确率达 75% 以上的题目不再占用课堂时间讲解，争取让学生在同伴的帮助下自行解决。错误率在 50% 以上的题目，要反复滚动，直至完全掌握。

　　最后，坚持五点希望：一是希望备课组成员共同建立题库。每天每位备课组成员按照分工上传题目，以备课组为单位建立题库，加强备课组合作，这样有利于日习作业和周测命题的准确性。二是希望备课组期末能将作业编印成册。期末编印成册是对一个阶段作业的总结，总结尽量用电子稿，如果有需要可以用纸质稿呈现。三是希望备课组有宏观的作业规划。先规划，后实施，即使备课组成员轮流命题，方向也不能错，更不能偏。作业要有规划，这样有利于成员命题更精准，考点把握更到位。四是希望备课组每月召开学生座谈会，听取学生建议。了解学情是作业校本化实施的关键。为了了解难易程度，了解知识薄弱点，了解传授的方式方法，与学生的每一次座谈一定能够触动老师教学的神经，一定能让师生教与学的吻合度更高，也一定能够构建出更良好的师生关系。五是希望形成自己的作业特色，有错题集，更有原创题集。这是一个比较高的要求，也是我们的追求目标。有了理想，有了目标，备课组的建设才能加快，成员的成长才能更快。错题集是针对自己学生的知识难点和薄弱点打造的一个特殊题库；原创题集则是备课组和老师们的教学财富，是教学的特色，也是备课组共同的财产。

高三年级分析会的价值观和方法论

到今天为止，我相信高三年级是复兴号：有澎湃的激情，有明快的节奏，人人都能领略到优美的风景，人人都自带动力。复兴号就是为孩子谋幸福的，人人自带动力，相信车头的方向，相信信任的力量。高三的节奏体现在周测、说题、讲练、练讲结合的系统工程里；人人自带动力体现在命题、施考、阅卷、登分、辅导谈话的环节里；澎湃的激情体现在师生所有的活动里。复兴号是我们的价值观，是为未来定方向、谋幸福的价值观。有了价值观，我们还要有落实价值观的好方法。具体有四种方法论：

第一，到目前为止，周测是最强大的动力。通过周测，我们的教师成长了，老师们把命题理念落实得很到位。高二年级邀请高三年级的两位教师对周测进行了分享，教师精彩的讲话引来了全体与会教师热烈的掌声。虽然高三年级只学习了一个多月，但是高三教师对周测深刻的理解，已然让我们感觉到其内心的强大丰盈，这是能力的真实成长，更是情感的真实表达。通过周测，学生的学习潜能被激发了。朗朗的早读声来自读练结合，学生说读了有用；饭后教室安安静静的，学生不是睡觉而是齐刷刷地做题，学生说刷题有用；周日学生来校更早了，下课更安静了，大家的学习热情被大大地激发了。在走廊上，在教室外，在树荫下，常有专注朗读的身影。周测的获得感给他们带来强大的动力。

第二，模考大练兵。再过两周，我们将迎来学校的第一次大考——10校一模大练兵。每个备课组都想通过这次考试检验近段时间的复习成效，但是面对考试，老师还是心中没底，甚至伴有一丝丝的忧虑。这种忧虑同样表现在年级组制定的过程性奖励条例中：原本一段线上线 100 人的奖励，变成了 80 个以上、90 个以上、100 个以上 3 个层次的奖励；市内 3 校前 200 名占比奖，从期末的 160 个下调到了 150 个；设置班级奖的时候，对于市内和市外的奖励，提供了 2 选 1 的方案。我知道年级组为团队考虑得很多，他们希望每个老师都有奖，因为他们觉得老师团队的工作投入且高效。看到年级组能够为整个团队制定合理的方案，做周全的考虑，我很高兴。在分析会上，我指出：当管理团队为整个团队周全考虑的时候，请团队的每一位成员一定要理解团队的相关要求和制度，确保管理形成合力。合力才是生产力，合力才是正能量。

第三，关注学生个体，做"精准扶贫"。有人说周测有压力，我却认为周测是激励。所以，老师们一定要多讲、多看、多体会、多记录周测带来的激励效果。我们知道，周测经常进步的同学有的是正压力；周测屡次退步的学生则是负压力。如果一次进步、一次退步，我们可以及时与学生沟通，进行简单鼓励，只要让学生控制好自己的学习节奏，他就能稳步前进。对于周测屡次退步的同学，我们则要充分关注：是手机问题？是异性交往问题？还是留守家庭问题？特别是最后一个问题，我们要特别关注，这往往是大家最容易忽略的。班主任要统计好父母离开孩子 3 个月以上的学生名单，高三压力大，周测屡次退步，孩子压力会增加，父母不在身边的孩子压力更大。有了压力却无处宣泄时，他们很容易拿手机（物）宣泄，通过接触异性（人）来宣泄，为了能及时调整孩子的状态，我们要让父母尽量做好归位，或者代替父母做好一些补位的工作。让孩子有压力能表达出来，有可以倾诉的对象；有泪不用忍着，可以肆意发泄，哭了也有人能帮他擦眼泪。我们不会放弃任何一个学生，尤其会关注屡次退步、压力很大的孩子，对个别学生进行"精准扶贫"是我们高三师生应有的坚守，也是复兴号前行的底线。

第四，相信说题。说题有理念，有方法，更有意义。能听懂、会做题这是较低层次的学习；自己懂了，能声音洪亮，口齿清晰，思路明晰地把别人教会，这是更高层次的学习。根据金字塔的学习理论，能把别人教会的学习是主动、积极、综合的学习，和被动、单一的学习相比，它有着更高的效率。说题能培养学生自主学习的能力，这也是对"教是为了不教"的教学理念的很好实践；说题能很好锻炼学生心理素质，有些孩子面临大考就会紧张，平时考得很好，大考却考得很糟。老师让这类学生回答问题时，他们往往会口齿不清、脸红心跳。说题能很好地锻炼他们的心理素质，帮助学生解决大考时心理紧张的问题。解决心理问题时，不能用模拟法，只靠模拟考试是解决不了学生大考时心理紧张问题的，我们可以用迁移法，通过说题锻炼出的良好心理素质自然会迁移到大考中。说题有助于学生能力的提升，更是对教学效果的巩固。

高三年级的节奏快，动力强，是能欣赏到优美风景的复兴号。让我们带着坚定的价值观，仔细感受周测、模考、德育、说题的方法论，来体会这一既有意思，又有意义的高三吧！

复学，特殊时期的学习战斗

新冠疫情得到控制后，为了能让学生如期复学，全体老师都做了很多工作。最持久、最根本的准备，就是在寒假期间，我和老师们都没有放松学习，特别是没有放松全书的阅读，因为终身学习是为师之根本；而最直接的准备则是制定好学校的疫情防控方案，我们学校的党建加单元作战防控方案得到了市教育局的表扬并向全市推广。

这一方案具有"2355"的特点：2 是指两个维度，即空间和人员的作战维度，指守土有责，守人有责；3 是指班级、年级和学校 3 个层级协同作战；第一个 5 是 5 个空间，分别是校大门、教学区、食堂、宿舍和重点区域；第二个 5 是 5 员责任，即每一个单元的指挥长分别要落实巡查员、健康员、信息员、宣传员、管理员职责。

在假期里，我们通过钉钉继续学习，确保停课不停学。网络学习是把双刃剑，适度与过度即为山顶与山谷的差距。线上学习期间，有许多同学还在怀念在教室里的学习模式。其实，线上教学是信息技术发展的产物，也是新鲜的事物，它与 20 世纪 80 年代初盛行的广播电视大学很相似，当时大家可以通过收音机、电视去学习，一定程度上解决了当时教育教学资源严重不足的问题。随着教育资源的不断丰富，广播电视大学的教学规模在不断萎缩。目前，钉钉、QQ、微信等都可作为新的学习方式，有利于解决当下存在的许多问题。但我希望大家不要把学习的手段和学习本身混淆起来。在网上学习是学习，在网上游戏就是消遣，网络只是一个共用的载体，个人因素最为关键。在网上学习时间长了，学生会怀念教室的学习模式，对此我感到开心，线上学习是线下学习的补充，不认为线上和线下能够互相取代。

针对特殊时期的复课，我认为大家对抗疫与学习都要用心，我们首先要保护好自己，其次还应该学会成长。

在开学后，我希望大家能够做好两点：一是做好防疫的规定动作。人人都要时时处处保持一米的间距；戴好口罩；按规定就餐；不串班，不串寝；人人都是自我健康的第一责任人，希望每一位同学都能够紧紧抓住跑操的机会，增强免疫力。二是要尽快进入学习的状态。手心手背都是肉，线上线下都是学习，学习就是学和习。学就是把不懂的知识搞懂，习就是把已经知道的知识搞熟；学是理解新知识，习是巩固旧知识。而老师的开学三部曲则是认真检测、精准了解、教学补充。我觉得这也同样适应于大家，线上学习没懂的那些知识点，在线下一定要进行补充，不要推倒重来。

抗击疫情，众志成城，疫情终将结束，但这一过程离不开所有人的努力。我们渴望疫情马上结束，但也要有打持久战的准备。当口罩足够丰富时，戴口罩能很好预防病毒的传播，我们做到了。有人问我"五一"之后是否还要戴口罩，我想这不是我能决定的，要依疫情的发展情况定。防疫期间，学校的安排是科学防控、科学学习。

今年的高三学子确实很特殊，有人开玩笑说今年的高三学生特别与众不同，他们出生的时候碰上了"非典"，高考的时候又遇到了"新冠"。可能正是由于这些不同，他们才能在曲折的经历中得到更茁壮的成长。每年我都会给高三学生送祝福，在这里我想说两句话：

今天就是你昨天忧虑的明天——请相信99%的忧虑不会发生。

只为今天我不浪费每一分钟——请相信99%的目标会实现。

请高三全体同学加油，心无旁骛，你们一定能心想事成！

对高一、高二年级的学生，我认为无论是高一、高二，还是高三，每一阶段的学习都需要进行检测。考试就是检测，检测自己之前的学习还有哪些不足和薄弱的地方。学习就是掌握新知识、巩固旧知识。知道了薄弱和不足就要学，已经掌握了的旧知识就要习。高一的学考，学生应该更重视，毕竟这是他们首次参加省级考试，希望大家认真准备，好好应考。在这里我还想告诉大家：学考之后有选考，选考之后有高考，除了应对学考之外，大家一定要很好地关注语、数、外的学习，在新高考中，语、数、外的地位很高，得语、数、外者得天下，千万不能因为学考而影响了语、数、外的学习。

其实，哪有什么岁月静好，只是有人替你负重前行而已。我们之所以能够安稳学习，少不了老师的辛勤付出，所有的老师都是学生的坚强后盾。

作为校长，我和同事的交流一直非常顺畅，在此，我首先感谢所有同事给我的理解和帮助。另外我想感谢复学后所有老师对学生无微不至的关怀，我想全体同学一定能够感受到，并且能深深地记在心里。

每一天都是崭新的，每一个学期都是崭新的，请大家忘记所有的不开心，做好今天应该做的、能够做的，我们一定会非常快乐，也会非常自由。任何时候健康都是第一位的，请大家再忙也不要忘记抽时间锻炼身体。最后，祝愿所有老师和孩子一切顺利！

换种方式思考开学典礼

　　题记：我能在文艺晚会上唱歌，但是在开学典礼上朗诵，我真的还没想好。那是一个非常庄重的场合，学校办公室诚挚邀请了好几位老教师参与，都被老师们一一拒绝。就因为这是开学典礼，大家真的不敢上。其实建设良好的师生关系，学校应该没有禁区，我们正在努力实践着。

　　每次开学典礼，都要经历全体师生集中奏唱国歌、给新生介绍学校领导、师生代表讲话、校长报告等一系列流程。校长的报告往往严谨、严肃，其中包含成绩亮点、下一步工作、新学期希望要求等几个部分。开学典礼，往往成了校长表演的独角戏。老师学生只能听，如果校长讲的是套话，那势必会是上面开大会、下面开小会的场景；也有些校长会努力把开学典礼的报告变成激动人心的演讲，能让师生们激动一阵子，但毕竟没有情境化体验，另加上主题分散抑或太高大，往往效果不佳。如此一来，看似隆重的开学典礼仪式就成了一种走过场的形式表演秀。

　　为什么要举办开学典礼？讲到底还是为了立德树人。既然是立德树人，就要尊重教育的规律。开学典礼必须主题明确，深挖到底何是规律；学生参与、亲身体验是规律；学校主导，师生主体是规律。想明白了、讲清楚了就要付诸行动。

　　"构建良好师生关系，献礼共和国七十华诞"这个看似并不新颖的主题，却是与校情、国情紧密相连的。中华人民共和国成立70周年的活动是今年的大主题，在新学期伊始，我们不能回避，更不能忘记，而且要旗帜鲜明地讲出来，更要不折不扣地落实下去。究竟怎么落实？我们将它与学校的德育主题紧密相连。"良好的师生关系是最好的教育"一直是我们倡导的学校德育主旨。良好的师生关系要体现在课堂里、校园里，自然也应该很好地体现在开学之初师生共同的活动里。所以，开学典礼的主题，我们没有刻意追求新颖，而是贴合了接近学校德育的实际情况。

怎么样才能加强良好师生关系的建设呢？我们把开学典礼分成了层层推进的四个部分，即我和我的校长、我和我的母校、我和我的老师、我和我的祖国。

第一部分：我和我的校长。以往做报告的校长，转身成了开学典礼的主持人，这样校长和学生的距离自然就拉近了。特别是我和两位学生主持人经历了串台词、做彩排后，成了很熟悉的好朋友。从小学播音主持的高二学生，还能时不时地表扬我、鼓励我，这令我受宠若惊。当然，开学典礼也不能让学生失去聆听有分量报告的机会。

第二部分：我和我的母校。在开学典礼上，学校隆重邀请了知名校友，如博士生导师、教授来校和学弟、学妹进行诚恳的交流。报告人不是校长、长辈，而是杰出校友、学长。学生情绪高涨，注意力自然就更集中了。毕竟是知名校友，他们把对母校的情感抒发得淋漓尽致，这让母校的老师和学生非常感动，也让学生们由衷产生了热爱老师、热爱母校之情，同时也让"良好的师生关系是最好的教育"这一主旨得到了进一步深化。

第三部分：我和我的老师。我们邀请了老、中、青3位老师和3位学生代表共同朗诵、共同歌唱表达良好师生关系的诗词和歌曲。因为通过多次彩排与亲身体验，表演者在感动自己的同时，同时也感动了在场的所有观众。虽然他们不是最专业的，但一定是最投入的。最后的手拉手道谢和合影留言，更是给良好的师生关系、最好的教育留下了永恒见证。

第四部分：我和我的祖国。这是参与面最广的一个部分，我们几乎让所有的学生都亲身体验了。我们请广告公司设计了12米×3.5米的开学典礼的背景墙，它的背景是中国地图。当伴奏音乐《我和我的祖国》响起时，全体师生共同唱响了歌曲《我和我的祖国》。我们还让学生把事先准备好的小便签贴上中国地图，便签上写着对祖国的祝福，以及新学期的心愿，每个人都签了名，并在名字上按下了鲜红的指印，这是对自己，也是对祖国的承诺。伴随着《我和我的祖国》音乐的结束，一首《感恩的心》随即响起，这一熟悉的旋律，牵动着所有师生的心。良好的师生关系再次融入优美的旋律中，融入高昂的节奏里。

师生们一起投入开学典礼的活动里，沉浸在开学典礼优美的旋律里，沐浴在开学典礼良好关系的春风里……就这样，新学期开始了。

开学典礼后，年级组组织了现场作文比赛，孩子们纷纷写道：

说实话，在小学或是初中的开学仪式上，总有人在领导讲话时窃窃私语，领导在上面讲得慷慨激昂，有人在下面说得不亦乐乎，于是老师不得不打断领导讲话来维持秩序，但在今天，却没有这样的情况出现。

——潘妮

开学典礼上，最精彩的莫过于诗朗诵了。舞台上，三位身穿校服的学生与三位身穿带有校徽衣服的老师，随着伴奏在深情地朗诵。虽然男老师的朗诵并不是很精彩，但从他笨拙的朗读中，体现出的却是对学生的关心与殷切的希望。六位朗诵者涌现出的不正是老师与学生的心声吗！

——孙雨妍

多么温馨感人的开学典礼，我的内心因这盛大的开学典礼而变得热血沸腾，同时也更加坚定了自己的目标和理想。

——吴雨欣

汤显祖在《牡丹亭》中曾有言"情不知所起，一往而情深"。我也是如此，开学典礼以后，那交错的情感冗杂在一起，或是对新环境的忐忑，或是对未来的期待，在这里对自己说一句，"以梦为马，不负韶华"。

——沈放

致母校，三年后，愿我成为您的骄傲；致自己，在未来，愿我成为你的骄傲……

——周子惠

变有价为无价　化无形为有形

——一举高"粽"考前助力活动

由于高考延期，在离高考还有半个月时，我们迎来了端午节。一场一举高"粽"考前助力活动正在悄然酝酿。

一、变有价为无价，后勤悄悄准备

为了不影响孩子们的学习，考前活动一般不会让高三学生准备太长时间，尽量能给孩子们带去现场惊喜，并且能余音缭绕。学弟、学妹喊楼助考活动受到许多学校的欢迎，正因如此，学校为这届高三学生准备了别样的惊喜。为了一举高"粽"活动的顺利开展，后勤部门提前一周就开始了商讨：粽子的大小、形状；用博士菜和蜜枣红糖做馅；用红色的丝线缠绕，并邀请家长共同包粽子。所有的这些准备工作我们都没让高三学生知道，甚至连高三教师也不知情，大家希望给他们一个惊喜，因为平时在学校食堂，大家都能在早餐时买到粽子，而且价格也不贵。在这一次考前助力活动中，当学生们在《步步高》《感恩的心》《隐形的翅膀》等音乐的渲染中，带着敬畏的心，用双手从头顶、从老师手中接过粽子时，很多孩子都说："这粽子不一样，有深深的寓意。"我们知道，这粽子已经变有价为无价了，这里有辛勤的汗水、思考的智慧，更有满满的期待和希望。

二、变无形为有形，令大家一起喜悦

考前怎能没有压力？有压力就要重视。就要化无形为有形，要有看得

见的释放。说教对于释放压力，收效甚微；参与、体验与感知，效果往往加倍。我们就应该让压力的释放，看得见、摸得着、留得住。活动前，大家说说笑笑，笑得很爽朗，谈得很彻底；活动中，师生相互鼓励，相互拥抱；活动后，有好好吃粽子体验美食的，也有打电话让父母把粽子带回家好好珍藏起来的。我们知道，这一场化无形的压力为有形的行动会随着这美美的滋味而徐徐升温。

三、寓意深长，余韵徐歇

当被问到"感觉怎么样呀？粽子吃了吗？好吃吗？想说点什么呢？"时，孩子们给出了精彩的回答：

"感觉老师对我们很重视，给了我们很大的鼓励，拿到粽子了，我就高中了。你相信吗？我宁愿相信，这是我们可爱可亲的数学老师给我发的粽子，我有什么理由不相信？"

"今天的粽子跟以前的粽子真的不一样，拿到这个粽子的时候，感觉真的很虔诚、很敬畏，我觉得这粽子很好吃。"

"特别温暖！学校真的为我们想了很多，专注高考，我们责无旁贷。"

"今天我打电话给妈妈，让妈妈把我的粽子拿回家，先冷藏起来。前段时间听一位老师说过，高中学生是把粽子分成几块，每吃一块就会成就一门课的高分。你相信吗？我选择相信，因为我现在有澎湃的动力。今天的粽子是数学老师给我的，我的数学一直比较薄弱，特别是数学老师给我的一个微笑和一句祝福，让我充满了动力，相信我的数学能考好。我是学过政治的，我知道这有点唯心，在考前有这么一点点唯心，又有什么不好呢？至少不会有坏处吧。特别感谢老师们为我们考虑得这么周到，我们还有什么理由不往前冲呢。"

"感觉很振奋，这个时间点能够得到老师和学校的关怀，真的有必胜的信心。"

"感觉今天食堂的粽子特别好吃，因为有寓意，里面肯定满是关心、关怀和激励了。"

"今天的粽子感觉和平常不一样，这粽子寄寓了老师的厚望。我感觉给我发粽子的陈老师真的希望我们能考好，从她的眼睛里，我就能看出来。"

"我们班主任给我发粽子的时候，我能感受得到班主任真的希望我们能好，瞬间，对班主任的感激涌上心头。"

"我今天把一个粽子全吃完了。这真的很有象征意义啊！我要鼓励自己，坚持到底。"

这样的声音彼此起伏，这样的声音绵延不绝。

老师们都感觉挺有意义的，感到很兴奋，很有仪式感。

我同样也感到开心。祝福高三，祝福孩子们。

给孩子一个相互解决考前问题的平台

考前的 70 天、50 天、30 天，我都会召集部分学生进行座谈，目的是了解学生考前心理，缓解考前焦虑。考前学生总是焦虑的，但是只要让孩子们把焦虑写出来，它就会减轻一半；再让孩子们说出心声，大家共同讨论，互相鼓励，焦虑问题基本就能解决。

为此，座谈会一般会遵循以下几个程序：

第一，完全放松，写出问题。问题只有在放松的状态下提出来，才是最真实的；只有在不需要自己回答的时候，孩子们才敢大胆地提出问题。到会场后，大家随便入座，此时我就请大家告诉我：目前他们最困惑，最想让我回答的问题是什么？每人思考 3 分钟，只能提出一个问题，我一定知无不言，言无不尽。于是，大家纷纷提出问题，有些问题会直指教学安排，比如为什么老师不给我们自由安排的时间？为什么把重心放在 3 门选修课和外语上，再以破釜沉舟的决心去攻克？万一失败了，下学期怎么办？考前压力大，应该向同样紧张的好朋友倾诉吗？如果不，应该向谁说呢？为什么补课没有补自习课的？为什么留校一定要集中？我觉得留在班里会更好；语文、数学什么时候停课？如何做才算努力学习？为什么连老师都无法解释的一些知识，却偏要我们死记硬背呢？高三除了读书、做题，我还能做什么？首考 4 门课一定要全过吗？首考不满意，二考就没有机会了吗？也有同学问我读书是为了什么？如果不走近孩子，你一定不知道孩子在想些什么。一次次的座谈，都让我收获颇丰，虽然我不能解决孩子们的所有问题，但是他们提出的每一个问题都是我的收获，和孩子们在一起，我总是收获的更多。

第二，分组推荐组长。根据眼缘，每 8 ~ 10 人为一组。每个组员都仔细看组内其他同学提出的问题，并根据所提问题的质量，共同推荐1名同学担任组长。之所以让写出问题，就是为了厘清各自的思路，让自己繁杂的思绪显性化、文字化。任何杂乱的思绪，一旦问题显性化就容易去做理性的回答。我趁机鼓励大家，提问就是思考力，获得推荐的组长就是本组思考力最强的人。获得推荐的组长的许多烦恼就会暂时烟消云散。因为他是本组最佳思考力的得主，他不仅会认真思考自己的问题，也会认真思考组内其他组员所提出的问题。

第三，讨论组内的问题。当所有的成员对本组所有的问题都浏览之后，大家会发现一些问题，比如自己的烦恼，也正是同学的烦恼；所有的思考都会让孩子们的思绪进一步被厘清。接下来就是顺水推舟，让组长组织组内成员讨论所有问题。很快他们会发现，在讨论之下，组内的许多问题都有了合理的答案，提出问题的同学也能够得到满意的答复。有同学问，自己既想玩手机又想看书，把握不好玩与学的尺度，不知道怎么办？有同学回答说，以前他也是这样，想玩儿就好好玩，想学就好好学，玩多少时间，就学多少时间，还真的没有一个具体的标准，过去已经过去了，我们不必纠结。平时大家一般不会去玩儿，但现在周末留校了，大家共同学习、互相监督就行了。听了这个回答后，我看到组内提出这一问题的同学非常开心。同是天涯沦落人，相逢何必曾相识，他们这是相见恨晚。

第四，提出组内待解决的问题。通过组内的讨论，组内成员的许多问题都已经得到了解决。其实大家要解决的不是"真"问题，而是情绪。只有通过讨论，相互鼓励，情绪得到梳理了，问题也就解决了。例如，有同学提出这样一个问题：晚自习各科作业时间的安排都是学校规定的，这种时间分配令他很不适应，因为时间过于零散，半张试卷都无法刷完，几乎没有自主作业的时间，其他人也有同样的感受。这一问题初看是提给校长的，但是组长就能解决了。因为组长的感受是，时间科学分配才能确保学科的平衡，之前学校没有做好时间分配，如果大家一个晚上只做一门课的作业，往往就会顾此失彼。至于综合卷，这位组长一般会留在周末去刷题或者分开做。他曾听老师说过，首考综合卷只有到最后6周才进入正常刷题，现在还不是刷综合卷的最佳时间。所以，学校现在没有安排时间给大家刷综合卷，只有查漏补缺卷、滚动推进卷和专项提高卷，这位同学听完后表示非常佩服。

第五，拿手问题再次强调。孩子们提出的问题，如果我们自己也没有明确的答案，绝对不能打肿脸充胖子。对孩子们提出的问题，自己觉得有把握、能说，并且是正确的事情就要说好，并且要通过实践检验。让孩子们能接受有收获的事情，我们一定要说深说透。有的孩子提道：首考4门课一定要全过吗？如果首考不满意，二考就没有机会了吗？这问题因为涉及经验，孩子们讨论后很难得到答案，这里涉及两个概念，一是全力以赴面对首考，二是放下两科冲刺高考。首考很重要，一定要考好，孩子们都知道，要全力以赴地面对首考，对于考后要放下两科冲刺高考这件事，他们也特别在乎。于是有一部分同学就理解成：无论如何首考要完成两门课，首考时间紧、任务重，实在顾不过来，以至于先放下两门去冲刺两门，也达成了放下两科冲刺高考的目标。但是，这些同学并不知道放下的这两科，到考后再拾起来就难了。一是考后加上语文、数学的时间会更紧张；二是选考学科复习的内容产生了变化，老师没有首考复习得精细，二考复习的内容会相对粗线条；三是二考的试卷也不会更简单；四是选考学科复习的时间长，遗忘的也多。总之，首考4门课，坚决不能放弃任何一门，全力以赴的必须是4门课，而不是放弃2门、攻克2门。只有全力以赴地攻克4门，在4门学科中选出满意的两门，在冲刺高考的征程上再进行战略性放弃，才真正有利于集中精力冲刺高考。

给孩子们提供一个平台，他们就能成为主演，届时，老师只要提供经验帮助他们即可。

思念有甜的味道

——记学校第四届中秋节活动

许多活动，开头时轰轰烈烈，后来就销声匿迹了；许多活动，参加第一届时希望多多、满怀激情，到第二届、第三届时，参加者就以许多理由慢慢逃离，这时组织者只有唉声叹气了。当形式被熟悉了，你就不能再以形式去吸引人。对于举办外地籍教师中秋节活动，刚开始我们也信心不足，今年举办的已是第四届外地籍教师中秋节活动了，组织者没有铺张，更没有煽情，但却给大家留下了深刻的印象。

在举办活动的前几天，就有一位年轻老师来询问活动的具体日期，希望自己的私下安排不会与此次活动相冲突，并且她还坚定地说，只要学校活动时间确定了，就算与其他的活动相冲突，她也一定会推却其他活动，她已经是第四次参加这个活动了。我们相信她说的话。

第一，相聚是一个永远的话题。在中秋节活动中，学校选择了不同的地点、不同的时间，以不同的方式让大家相聚。大家一起穿着雨衣去登山，上山下山时，你鼓励我，我帮助你，在整个过程中大家凝聚在一起；大家一起动手，拿出各自家乡的招牌菜来招待同事，在瓢、盆、碗、碟的响声中大家凝聚在一起；这里是粤菜，那里是川菜，还有东北的小鸡炖蘑菇，今年大家虽无须动手，但是可以在自己的创意中凝聚在一起。这样的相聚有一个永远的主题：那就是自己是活动的创造者、设计者、参与者，同时也是获得者。当然，大家也都是幸福者。

第二，守住活动的底线。确保活动不影响学生、不影响教学，没有应酬的压力、没有工作的牵挂。外地籍教师中秋节的活动时间，往往会安排在中秋节前夕的工作日。为不影响工作、不影响学生，我们会选择放学之后再进行活动。而且这个活动不能消耗大量的脑力和体力，因为一天工作下来，大家需要休闲、聊天，需要尽可能地放松。记得以前搞中秋节活动时，活动内容单一，仅有吃喝，一部分老师下一年再也不敢参加了，他们觉得活动不仅没劲儿，还伤身体；不仅没有获得感，还有损伤感。现在，控制吃喝成为我们搞活动的底线，同时年级组和工会会帮助年轻教师调整好晚自修的值班工作，不让一个老师有工作上的牵挂，也是活动的必须保障。

第三，思念是一个永恒的话题。不止步于现场，思念遍及家乡。今年我们邀请了外地籍教师的父亲亲临现场，主持人还现场采访了这位父亲。这位家长说到他的孩子时，有埋怨，更有幸福。他的孩子当了多年的班主任，也取得了一些成就，特别是她的学生都很记挂她。他们很为她高兴，她也一直是最听话的孩子。他希望大家都真正成为新兰溪人，为学校多做贡献。这位父亲讲完之后，同事们给予了热烈的掌声。这掌声不仅送给这位父亲来自心底的真诚告白，更送给了在这个特殊时间所有在场的外地籍老师的父母。这是真诚、真情，更是对亲情的眷恋。

另外，今年的活动更是亮点纷呈。由于廖薇薇老师到意大利佛罗伦萨支教了，不能参加这次活动，出发前她还专门留下了一个视频，表达了对大家的节日问候和祝福。聆听着廖老师来自大屏幕的深情祝福，大家的思念已经飞离了现场，漂洋过海去到意大利的佛罗伦萨。

刘俭老师因为在四川汶川中学支教，也不能参加今年的活动。我们现场连线了刘老师，送去了所有老师对她的节日祝福。刘老师看到现场的活动非常开心，同时也表达了对学校的深深祝贺，以及对同事们的祝福。另外，还有年轻教师代表现场连线了在福建闽南、江西上饶、青海格尔木的家人，活动现场不时高潮迭起，大家共同表达了对同事及家人的祝福。

在现场，今年获得金华市教坛新秀，工作了10多年的姜洁老师分享了自己的成长故事。她说在不知不觉中，通过三个第一次，她慢慢成长了，没有那么艰辛，也不是轰轰烈烈。在普通的日子里，在平凡的工作中，她一直享受着工作的快乐和幸福。因此，面对未来有目标，也成了这次活动幸福的导因。

在活动的最后，我们在《相亲相爱一家人》的歌声中切好了大蛋糕，一起分享美味。思念真的有甜甜的味道，相信在甜甜的思念中，老师们一定会慢慢融入兰溪，融入我们的团队，融入属于自己心的团队。

截至今年，全校已有38位来自全国16个省35个县市的老师。他们到过贵州、新疆、四川等地进行支教，也到过新加坡、意大利、加拿大进行支教访学。五中是一个大家庭，一个来自四面八方的、属于所有老师的大家庭。正因为有甜甜的思念味道，大家的幸福生活必将长长久久。

让每一次考试都发挥好

今天是高一、高二年级期中考试的第三天。早读课时，我习惯性地到一些班级去走走、看看，我发现高一年级今天有些不一样了——平日里整整齐齐的书本，现在变得非常凌乱；书包柜上的茶杯也不再整齐；讲台和黑板也没有平时干净整洁了……

本次考试是高一年级入学后的第一次综合考试，学生明显有一些慌乱：于是我和班主任商量决定，不放过有利的教育时机，趁着早读时间跟学生们谈谈。首先，我让孩子们仔细观察黑板、讲台、教室前后摆放着的凌乱的书本，以及书包柜上水杯摆放的样子。再让大家思考一下平日好好的教室环境今天怎么成这样了呢？30秒后一个一个地回答。所有同学无一例外，大家都把原因都指向了期中考试。

面对早已安排好的期中、期末考试，我们平时养成的良好个人习惯怎么会被打乱了呢？于是我让大家再仔细想想：考试期间有没有特别想吃东西，有没有特别想上厕所，有没有特别想跟同学多讲几句话，有没有想多跑几步路，或者特别不想整理自己的书本……如果有人对上号了，就一定要在平日里强化心理素质的训练，这样才能让自己每次考试都正常发挥。

如果心理素质不够好，每逢重要事情就会不自觉地打乱自己平日养成的良好习惯。

怎么办呢？第一是强化自律，对标治表；第二是强化平日训练，迁移治本。

第一条对标治表，其关键在于自律。考前罗列好一些自己容易产生的问题，强化自律。吃的要和平时一样；值日要不打折扣地做好，不乱丢、乱扔；整理好自己的课本；有意识、有针对性地控制自己的行为。在内心不断暗示自己：控制好自己的行为就能有利于考试的发挥。同时，可以请同学做监督，请老师做引导，确保自己的"表现"落实到位。看得见的落实，有利于巩固已有的好习惯。就算在重要的关键节点，你也能自觉保持平日的良好习惯，注意力自然也就不会全集中到让你担心的事情上了，考前的焦虑自然就会得到舒缓。

第二条是要治本，治本关键在于平日争取机会，重复训练，自然迁移。良好心理素质的养成，要采用迁移法而不能采用模拟法。如果面对重要考试时紧张，多模拟几次行吗？这样你似乎会觉得好一些，但是不会真正有用。因为在模拟的过程中，你知道自己是在模拟；面对真正的考试，你一定知道自己是在参加真正的考试。在应试时稍有不顺，便手忙脚乱。

其实良好心理素质的养成，功在平日。有人说老师考公务员有优势，他们面试讲话时能有的放矢。其实，老师在考公务员时，是需要和其他人一样认真准备的。既然想考公务员，所有人都会有的放矢地去准备，只是由于职业的原因，老师平日里会有更多的机会去训练有目的的表达，有更多的机会面对众多的学生滔滔不绝地讲话，以至于他们能练就更好的心理素质，进而把它迁移到了公务员的面试考试当中。

你会发现，有优势的不仅是老师，还有一些重要系统的培训师，他们经历过更大的场面，接触过更多的培训对象，他们应对各种交往更自然，更会面不改色心不跳。

作为学生，我们怎么在平日里练就自己良好的心理素质呢？那就是多表达、多争取说的机会，多有的放矢地说，多面对群体说一些和考试相关的内容。班会课时要争取机会，好好准备去跟同学说；平时上课要争取机会，好好准备去有条理地回答老师的问题。最重要的，也是容易实现的是要认真解答同学提出的问题，把同学不懂的问题教会，这不仅会帮你很好厘清关于这类知识点的思路，而且还能帮你建立足够的信心。当然，面对每一次说，你都要好好准备，不能说到哪里算哪里。不是说了就能锻炼好心理素养，而是说好了才能锻炼好心理素养。如果每次说都说不好，可能还会有副作用。此外说的内容要与学习和考试相关，确保说的、做的不仅有多样性，还有一致性。

当然，现在说的是考试能不能发挥好的事儿，而不是决定考高分和低分的事儿，考的好不好属于综合素质。学得好一定是考得好的基础，而发挥得好则是锦上添花的事儿。切记，千万不能混淆。

都要说真话的表彰会
——记高三首次联考表彰会

今天是高三首次联考的颁奖典礼，我特别关注了颁奖典礼的整个场景，也和站在台下的两个同学进行了交流。其中一位同学这次考试进了300名，他认为自己还是有进步的，很想上台领奖，同时也对自己非常有信心。他表示他会一直记着这个目标，并在每一天、每一刻都要做最长久的坚持及最有效的行动。

另外一位同学告诉我，他这次考进了200多名，以前最好的成绩是考进过50多名。我们学校会奖励前100名，他也很想得奖。平时也会很努力地朝着这个目标努力，但一到周末就顾不了那么多了，他说可能是在家里有太多的事情想做，看到手机就想玩儿，看到好东西就想吃，看到枕头就想睡觉，总之很难静下心来去想学习的事儿。每周回家他总想好好休息，但最终发现每次回到学校都很累。

当然我问的"想"，不是空想，而是每个孩子对学习思考之后的最坚实有效的行动。乾坤未定，你我皆是黑马。我甚至跟第二个孩子开玩笑地说："别回家了，高三了，其实学校才是最好的'家'，家只是最好的旅馆。"

和两位同学交流之后，我更觉得天下没有理所当然的事儿，每个人都必须坚持到最后，获奖的同学一定要再接再厉。并且对全体同学提了几点希望：

第一，跟着亲爱的老师走，无问西东。相信信任的力量，另外也不可忽视信仰的力量。人有信仰，行动就有力量，未来就一定有希望。在高三的日夜坚持中，老师是你复习迎考最亲密的伙伴，是你最坚定的支持者，也是你最好的利益共同体。五中一直坚持的理念就是良好的师生关系是最好的教育，只有信任老师，才能搞好关系；只有信任老师，才能搞好高三的学习。在与年级前三十名同学座谈时，我问到大家的成绩为什么比其他同学好，发现大家讲得最多的就是专注力，集神于专心听讲，尽可能地跟上老师的思维。

第二，把不懂的知识搞懂。重复做已知、已会的事儿，那是技能的提高，只有把不懂的搞懂，才是知识的增量。要用两条腿走路，学好之后方能习。学习就是学加习，学就是把不懂的搞懂，习就是把已懂的巩固到位。错题要重做两遍，错题集要按周巩固复习。

第三，真正理解听懂、能做、会说三部曲。听懂不是真懂，能做不一定会说，更不一定融会贯通。当爸妈问你上课是否能听懂时，你说能。过段时间考试没考好，爸妈可能会说既然都听懂了，怎么考试还那么不理想呢？所以，听懂不一定真懂。没有通过检验的知识一定不是被你真正掌握的知识；教会同学1道题的效果甚至等于自己做了10道题。晨读要有晨测，分为老师测、自己测、同学间互相帮助测多种形式。综合卷一定要限时练，且要自己做、自己对答案、自己改、自己搞懂。

第四，做学习的老板，不当学习的员工。大家要当学习的老板，而不能当学习的员工。老板为自己干，员工为老板干。员工朝九晚五，老板夜以继日。员工周一到周五正常工作，周末加班拿加班费，节假日双倍甚至三倍工资，员工的工作量最为关键；老板没有假期，节假日员工休息。老板没有被动的加班，只有以事业为中心的努力和不断追求。请大家一定要记住，员工拿固定工资，老板拥有剩余价值。企业再好，员工干一辈子还是工人，员工的工作习惯决定了其人生能否实现财务自由。

第五，学习是一个享受快乐、忍受挫折的过程，并能在过程中慢慢获得平静。我们的校训是"包容自强，宁静致远"，我们包容成功，也理解失败。在自强里，由失败走向成功，由成功走向辉煌，慢慢地，大家学习的心都归于宁静，从而达到人生的致远。学习犹如喝绿茶，苦的茶要慢慢泡、慢慢喝，当没有了苦味儿时，便有了甜味儿。甜味儿是去苦之后的味道，而不是糖的味道，这既是喝茶的境界，也是人生的境界。学习就是让自己的内心变得更加宁静的过程，一天一天的学习，一次一次的考试，快乐也好，痛苦也罢，只要坚持，最后都会为宁静的心提供力量。

愿所有的高三学子，在经过努力后，都能成为高境界的学习者。

灭火记

——一次安全教育实录

　　今天既是平常的一天，也是让我感到高兴的一天。孟子曰："君子有三乐，而王天下不与存焉。父母俱存，兄弟无故，一乐也；仰不愧于天，俯不怍于人，二乐也；得天下英才而教育之，三乐也。"作为老师，我由衷地为昨天晚上孩子们自然而然的行动感到高兴。

　　晚上 9：50，孩子们已陆续回到寝室，只有少数打扫教室卫生、关灯、锁门的孩子还走在回寝的路上。就在这个时候，孩子们突然发现路边的路灯起火了（原因是前天的大雨造成了短路）。面对路灯起火，他们来了一次很严谨的分工合作：高二年级的一位同学跑到离起火点最近的地方拿了灭火器；高一年级的一位同学跑到办公室向老师做了汇报。老师得到信息后，立即向值班领导做了汇报，并且快速赶赴现场。当老师赶到现场时，学生们已经稳妥地把火扑灭了，继而他们回寝休息，一切如常。

　　这时候，久久不能平复情绪的是老师。老师在微信群里描述了当时的情况："刚才路灯着火，一学生从食堂拿了灭火器灭火，路上漆黑一片，冒烟点在行政楼边上，现在火已灭，我们的应急演练和消防知识宣传很到位，谢谢孩子们，真厉害啊！当老师到的时候就只看到烟，应该是灭火器产生的，那时学生们都差不多已扑灭火了。于是，老师就问了一下拿灭火器的学生，他说是路灯着火，食堂里有干粉灭火器，而干粉是不导电物质，可以用于扑灭带电设备的火灾……，看来，消防演练真不是白练的。"

　　次日，我一早来到学校时，老师就跟我汇报了这件事。面对这样的孩子，大家的心情都激动不已。或许正由于有了如此细心的观察，才会有面对突发事件不慌不忙、果断采取措施、敢于担当的学生。这是安全教育的成果，更是德育教育的成效。快乐，是因为我们是老师，是因为我们有如此优秀的学生。面对突发事件不慌张，能成功处置，细细思索，我们在这件事中应该体会到那些细节呢？

第一，首遇者积极处置。再好的安全预防，都不可能判定安全事件突发的时间和地点。离事件突发地最近的人才是处置最方便的人，处置越早就越有效。看到路灯起火，学生第一时间找到灭火器进行灭火，不仅积极履行了首遇者的责任，为事件处理赢得了时间，同时也起到了良好的效果。另外，他们采取的措施也是综合的，一边灭火，一边让同学去找到老师，进而形成处置的整体合力，确实要为他们积极的行动点赞。

第二，对事有激情，对人有热情。孩子们看到路灯着火，没有惊慌失措、大喊大叫，没有熟视无睹、冷漠置之，也没有明哲保身、围观了事，而是在最短的时间内做出反应，该行动的行动、该汇报的汇报。这时最怕的就是不作为。学生是孩子，没有处理问题的能力，或许就在原地远远观望，或者直接找老师汇报而不采取行动。行动是负责，有预估的行动是认真负责，行动的成功是负责之后的成效。对事有激情，有激情才能有行动，有行动才能有对事件的思考和直接体验。

第三，政教处认真总结。了解事情经过后，我马上邀请了参与灭火学生的班主任和政教处老师召开了事件处理的分析会，我们绝对不能对学生满怀激情的成功处置冷漠置之。通过对学生细微的观察，对学生的成功行为进行积极肯定，是有热情的教育，也是有情怀的教育。这件事情过去了，有人在拷问：学校的路灯起火是谁的责任？针对此事，我们当然要思考路灯起火的原因，也要分清责任。但路灯起火是突发事件，有时再严密的检查，也会有突发事件产生，或许这就是百密一疏。作为学校，我们还应该关注突发事件的育人功能，面对突发事件，人是第一要素；面对安全，人的安全也是第一要素。我们不仅要处理好事，而且也要培育好人。只有真正培育好人，我们才能够把安全事故的损失降到最低，安全教育成效才能长久。

第四，学校及时表彰推广。针对以往突发事件只总结、不表彰、不推广的惯例，此次打破惯例，及时地总结、推广。第二天早上，我们用学生跑操的时间，表彰了所有参与灭火的学生，并给他们颁发了"英勇好少年"的荣誉证书。我们表彰的不仅是他们遇事的不慌不忙、措施的果断采取、行为上敢于担当，更重要的是通过表彰，让全体师生懂得面对突发事件，我们不仅要沉着冷静，更要有积极热情的行动；我们不仅首要保身，而且要在力所能及的范围内付诸有效的行动。面对突发事件，了解我们该做的，践行我们能做的，积极行动，认真负责，绝不袖手旁观。这几位孩子做到了，并且做得很好。我们希望有更多的孩子能了解，同时也能践行。

我知道，面对路灯起火，几位孩子在积极行动前，不太可能进行认认真真、完完整整的思考，更多是短时间的清晰判断，这个功夫需要一个过程，而它一定是在平时，在日积月累的教育里获得的。教育是快乐的，快乐于学生的快乐；快乐于学生一天一天、一月一月的成长，快乐于学生对每一次事情的正确处理。因此，安全教育功在平时，服务孩子没有终点。

时间管理能体现教学管理的公正性

如果师生对自我时间的管理还不成熟，学校只有把学生的在校学习时间真正切分到位，才能体现学校教学管理的精细化。只有精细化的时间管理，才能体现出教师课堂高效的重要性；只有精细化的时间管理，才能真正体现出学科教学的公平性。如果放任时间不管，失去时间管理的平衡性，就无法真正评判课堂的效率，而老师对备课、上课、反馈、个别辅导、检测的重视程度也会逐一下降。时间不平衡，就意味着基础不公平，而不公平的比较就是恶性竞争，越比较就越有害。

公平与高效是教育教学管理的永恒主题。只有极有主见、高度自觉的孩子才能有效管理时间。特别是在老师布置的学习任务不平衡的条件下，更容易产生时间管理的混乱：哪位老师的作业多，学生对哪门课投入的时间就多；哪位老师对作业追得紧，学生就会优先完成该科作业。如果是作业全批、全改的老师，作业布置得一定不多，学生在该学科花的时间就容易偏少；而作业非全批、非全改的老师，客观上有布置更多作业的条件，学生往往会在这一学科花更多时间。我跟学生开玩笑地说："你们这是欺负好人啊！谁对你好，你就对谁不客气，这也是学习的不公平，但这样最后吃亏的肯定是你们。"

不公平一定不高效，真正的公平一定是高效的；不高效也一定不公平，公平是可持续的高效。在教学管理中，学校一定要根据学情科学考察，实际调研每门学科的相关要求，以及学生的普遍情况，制定出适合自己学校实际的时间管理方案。只有让学生和老师普遍接受的时间管理方案，才能够引导老师往自己的阵地去努力，去尽力提高自己课堂的效率。如果在课堂之外还能有所获取，甚至可以悄悄地窃取其他阵地的时间和胜利果实，老师肯定只做利己的事儿，而无法顾及利他的事儿。这不是老师的格局问题、道德问题，而是每一个人首先都有利己的本性，这本是制度与领导的问题。好的制度能让坏人变好，坏的制度能让好人变坏。胡适曾说，一个肮脏的国家，如果人人讲规则而不是谈道德，最终会变成一个有人味儿的正常国家，道德自然会逐渐回归；一个干净的国家，如果人人都不讲规则却大谈道德、谈高尚，天天没事儿就谈道德规范，人人大公无私，最终这个国家会堕落成为一个伪君子遍布的肮脏国家。我觉得学校也会是如此，要先有规则，其次坚守规则，把守规则当作基础的基础，才能够培养出高尚干净的灵魂。

对时间进行管理，目的是培养学生的学习自觉性。经常有人说，要培养学生主动学习、自觉学习的习惯；要给学生更多的时间自主安排。没有自由哪能自主，没有自主哪能自觉呢？确实我们一定要发挥好学生学习的主动性，内在的因素才是关键的因素，主动性才是可持续的能动力。但是我们一定要知道，自由不等于放任、不等于完全主动。很多时候，学习习惯的养成都应该有被动的能动性。被动就是老师的激励、唤醒、示范和引领，就如我们要培养孩子们热爱全书阅读的习惯时，不能扔给他们一本一本书后便撒手不管了。我们可以先让孩子们看看这本书的目录，然后给孩子简要讲讲故事情节，再给他们谈谈书中的精彩环节、提提问题。如果孩子一开始就已经很热爱阅读，我们所做的一切就会变成束缚；如果孩子还没有走进阅读的世界，我们的这些介绍就是让孩子被动地去接受，并培养他们主动阅读的习惯。有时哪怕是我们"逼着"孩子登上了一个又一个台阶，他们也会因此览尽高处的风景。

培养管理时间的能力和形成习惯也是如此：时间切分不可少，要天天坚持；时间束缚不可有，要时时关注。

限度之内果敢行动

——提质减负之我思我行

第一，提质是结果，更是过程。提质不仅是结果的考量，更是过程的需要；提质不仅是冰冷的数字，更是充满幸福的过程性实践。许多人总会为明天的结果而忧虑，殊不知明天的结果是来自今天的付出和努力，一定来自当下每一件事、每一瞬间的工作高效。为了更好地展望明天，不让明天的结果使自己忧虑满心，就应该担当现在，处理好当下，把大忧虑化解成小忧虑，进而达到无忧虑的生活状态。"提"是过程，并且是每一个细微的过程；"质"是结果，思考好当下的每一个小细节就是最好的提质。

第二，减负就是轻装上阵。其实不光是减下来，它含有减和负两个方面的内容，减下一些当然要负一些。只减不负，工作会失去厚度，生活会减少色彩，人生会失去内涵。上阵必须有装备，该有的装备一定不减，一定不少；负重是为了前行。骆驼行走于沙漠，峰驼是装备；骏马日行千里，马蹄铁是装备；蒸汽机车日行万里，高热煤是装备；高速动车每节自带动力，电线铺满全轨，更是武装到了牙齿。为了师生幸福而做的教与学的工作也一样，如果没有理念的不断更新，没有方法的不断创新，没有面对困难的信心和决心，怎可能高速前行？

第三，只负不减，那不是精彩人生的需要。减负就在舍得之间，有舍方能有得，有得也必须有舍。舍下不需要的，舍下不必要的，舍是能力，是智慧，是自信，是宽容。人日行百里靠双脚，马日行千里靠马蹄，想要日行万里，你就需舍弃原有的传统思维，不是让双脚走得再快点，把马屁股拍得再响一点儿，而是要有轰鸣的机车，要有喷气式的飞机。这是工具之间的舍得，把不需要的统统舍弃，只有如此才能轻装上阵。教与学也同样如此，想要备课高效，请抛弃浮躁，日积月累地潜心研究；想要上课高效，请放下"教条"，悦纳孩子；想要作业高效，需有适合学情和教情的校本化作业；想要考试高效，就要抛弃低效的重复训练，抛弃没有针对性的讲解和练习。总之，只有抛弃了"高效"的阻碍，才能高效。为胜利带上必要的装备，扔下所有的累赘，方显智者本色。

第四，提质减负是辩证统一的。减负是为了提质，减负是方法论，是手段，而不是目的。不能提质的减负是空喊口号，不是负责任的放弃，是面对困难时的没担当。想要把学生过重的课业负担减下来，就先要减掉过多的重复练习，减掉对提升学生知识和能力针对性不足的练习，减掉和考点关联度不高的练习。我们要把时间还给老师，用于更有效的指导；把时间还给学生，用于更有针对性的学习。减不是为了简单地加，但一定为了更高效地学。

第五，提质会促进减负。身体的负担容易解决，疲劳了睡一晚会自然恢复；精神的负担需要智慧方能纾解。想努力却找不到方向，努力了没有效果，人的内心就会变得沉重；相反，如果目标明确，效果明显，人自然就会轻松愉悦。在教学中，实现作业校本化的难点在哪里？难在对学情没有足够了解，难在我们对自己的学生没有积累了解；难在备课组之间的壁垒没有打通；难在3年教学没有盘活一盘棋。作业校本化可能会增加当下的工作量，但对全校，对整个3年学段，工作量并不会增加，而且随着时间的推移还一定能够提质。一样的时间，一样的同事，不一样的更高的质量，教与学岂不快哉。

第六，提质减负关键在落地。做好顶层设计有必要，但是怎样才能把好的想法落实到日常的教学行动当中呢？著名的商人怀特·飞利浦告诉我们："我发现每一件事情都有一个限度，在超出这个限度之后，如果你还在不停地思考，却始终不能做出决定，那么你的思想就会变得越来越混乱，甚至滋生出忧虑的情绪。当你发现过度的思考和调查已经开始对我们产生伤害的时候，我们需要做的，就是立即停止一切的思考和犹豫，并下定决心付诸行动。请按照以下四步进行：一是清楚地写下我们的目标究竟是什么；二是写下我们可以做些什么；三是做出正确的决定并制订具体的计划，我们应该怎么办；四是按照以上的决定付诸行动。"

第七，开展大讨论，最易于帮助我们找到最接近于真实的解决方法。校长的立场、教研组长和备课组长的立场、老师的立场会在讨论里水乳交融，唯有思维的碰撞，方能产生实践的火花；为了考试，为了教与学的有效，为了学生的快乐成长，为了老师的幸福生活，唯有全面思考，方能立于不败之地。当然，任何执行都需在限度之内进行，任何成果都需在实践当中获得。

面对新的实践，我们经常说"先管后理，理顺求实，实中创新"，让我们留出时间、给出空间，大胆尝试，果敢行动，坚定信任，细细总结，如此，提质减负必能迈出铿锵步伐。

作业校本化是孩子们的福利

每天，很多孩子早早就来到学校，每天都早到的孩子，往往是步履稳健，眼里有光。我经常在学校走走、看看、想想、问问，关于学校的教学问题，我喜欢和孩子们聊聊天。

我：怎么这么早到学校？

孩子：今天起得早，就让我爸早点儿送我到学校。

我：今天本可以迟点儿到校，为什么不睡懒觉呀？

孩子：我没觉得今天和其他的日子有什么不一样，没想要睡懒觉呀，也睡不着。

我：你平时考试成绩还好吗？

孩子：还好吧！上周的周测考了第十三名，上次考了第六名。（看来优秀的孩子会关注自己的过程性成绩。）

我：进入高三年级挺长一段时间了，你觉得升入高三后，相对之前大家都有什么变化吗？

孩子：大家都更认真了，高三确实不一样。

我：能讲讲更细微的变化吗？

孩子：晚自修课变化很大。

我：怎么变了呢？

孩子：自修课都有老师来。

我：老师是转一转就走吗？

孩子：不是的，现在自修课老师来，和以前班主任来不一样。如果语文老师来，就会安排语文的学习；如果数学老师来，就会安排数学的作业。

我：晚自修怎样呢？

孩子：晚自修最大的变化是，我们再也不会觉得无所事事了，也不担心作业完不成了，晚自修的节奏变快了，效率也更高了。

我：这怎么说呢？

孩子：以前有些学科一节课上完，不一定有作业，等另一节课上完才给我们发一张试卷，那是张两天作业并起来的试卷，可能我们一个晚自修都完不成，就算拼命做好了这张试卷，其他的作业却无法完成。如果有两门或者三门学科一起发作业，那这一天我们真的会非常非常焦虑。而有时候却只有数学会布置少量的作业，我们又会觉得很空，无所事事，想自己找点儿作业出来做一做，又觉得难以及时安排。如果晚自修控制不好，就容易和同学聊天。而现在，每天晚上的作业时间都进行了科学分配，这门课的作业做完了，就下一门，一直到晚自修结束。每节课、每个时间段都有事情做，整个晚自习下来，我们会发现自己做了好多的作业，很有成就感。

我：老师们布置的作业做不完或者只要用一半多的时间就可以完成，这种情况有吗，你一般会怎么做？

孩子：现在老师布置作业越来越厉害了，偶尔也会有多余的时间，但是不会剩余太多时间。因此我们还是会继续做本门课的作业，期间可以准备说题或再研究一两道题目，就可以很好利用这个时间了。以前为了应付作业，我们要去规划大把多余的时间，长而久之，我们发现自己并没有这个能力，现在容易多了。对我来说，做政治学科、数学学科的作业速度比较慢，课代表会允许我们晚自修结束之后留下来再做一会儿，或者第二天赶一下再交给老师。

我：老师有没有订阅整套资料给大家当作业本做呢？

孩子：这个没有，高三有一本复习用书，这本书主要是用于知识的归纳总结，也有一些经典的题目，老师偶尔会在这本书上选几道题目，然后发给我们一张答题纸，先让我们做在答题纸上，再交上去批改。

我：你对目前学校的教学变化满意吗？

孩子：满意，我很感谢我们的老师，在选题命题的过程中，老师们一定为我们付出很多。之前直接发给我们的那些订阅的试卷，我发现有些题太容易，有些题又太难，总之，做作业时间很长，时间浪费很多。现在的题目都通过老师的筛选，被浪费的时间自然也减少了很多。

我：现在把大家的时间都安排得紧凑了，自主学习时间是不是太少了？

孩子：自主学习我们都放在中午，也有放在周六下午或晚上的。

我：以前晚自修时间没有进行分割，你是如何安排学科的自主整理的呢？

孩子：我发现以前是没完没了地做作业，仅仅某一门课就够我们做的了，现在学科作业不断轮换做更新鲜，我们的心情也比以前更好。以前我们很少有时间进行自主整理，如果晚自修作业特别少，我们心情会特别放松，就当是放假了，偶尔熬不住，还要聊个天。现在如果真的自主整理时间不够，那只能放在周六下午或者晚上了。

我：那可是休息的时间呀？

孩子：如果想休息那就休息，想睡懒觉就睡懒觉，但是如果想做作业也就做作业了，看我们自己怎么想、怎么做了，完全是自主安排。

我：你觉得对于目前的安排，老师有什么变化吗？

孩子：老师不太催作业了，以前有很多老师不断地催作业，也会有很多同学作业交不上去。现在老师对作业进行了精选，在规定的时间内，大部分同学都能完成。部分同学就算不能完成，但只要时间到了也允许上交。学生心理放松，老师心里也应该会轻松些。

来自部分老师的反应：作业校本化确实增加了一些精选编辑作业的工作量，但当选编的作业得到学生认可的时候，自己也有满满的幸福感。

对于作业校本化，老师们最大的感触是：再也不用去催学生交作业了，并且自己的学科也得到了学生的重视。大家感觉有付出就会有收获。在教学上，一个环节打通了就会节节畅通，只要坚持相信、坚持努力，成绩会越来越好。

慎始敬终　行稳致远

——来自"两书一章"的方法和智慧

当上级领导部门提出近视率要下降多少个点的目标时，许多校长的想法是："这怎么可能？"在班主任会上，当我们提出学校近视率下降的目标时，班主任的反应同样也是："近视度数怎么能降下来？"

于是，我问全体班主任，学校制订的提高学生成绩的目标他们是否能完成，班主任都斩钉截铁地表示他们有信心、有方法去完成，那些有利于提高学习成绩的事情，只要他们都一一做好了，成绩自然就能上去了。确实是这样，学生成绩的提高，表面上看和班主任有直接关联的，也只是班主任所教的学科。但实际上只要班级的学习系统做得好，学生的所有学科成绩都能上升。"明眸摘镜"的工作也同样如此，只要把降度数的系统做好了，学生的近视度数自然就不会上升了，孩子们近视度数不上升就是我们工作的成效，也就意味着近视度数降低了。

当下，和学校"明眸摘镜"联系最紧密的常规工作是什么？班主任们自然就联系到眼保健操。目前，学生的眼保健操做得怎么样，还存在什么问题？眼保健操究竟有什么作用？学生为什么不重视，可班主任老师很重视吗？

一部分老师说，学生做眼保健操确实能缓解眼疲劳，防止度数加深，但是它没有修复近视的功能，久而久之，师生不重视眼保健操就成为常态。

这是一个长久积累的问题，怎么有效地解决呢？

在指导班主任进行"明眸摘镜"工作时，学校政教处的老师找出了"两书一章"中的话：要突出问题导向，学要带着问题学，做要针对问题改，把合格的标尺立起来，把做人做事的底线划出来，把党员的先锋形象树起来，用行动体现信仰信念的力量。于是根据这句话，我们整理出了工作的步骤，提出了具体的工作方法。

第一步，带着问题学，让问题做向导，沿着问题走。眼保健操的现状及目前存在的问题是什么？如铃声响后，部分同学迟到；人在教室，却站着说话；假动作应付检查；动作不规范。这样一来，四大眼保健操的实操问题很容易地就浮出了水面。

第二步，针对问题改，把合格的标尺立起来。于是，针对眼保健操对班级的扣分量化考核就明确了。精确到未到教室怎样、未到座位怎样、未有动作怎样、动作不规范怎样等。

第三步，把优秀的标准立起来。优秀的标准就是理想的目标，不应该没有。合格标准必须达到，但应该有优秀的目标，并且一部分同学应先达到优秀。全体学生能准确、规范做好眼保健操，就是优秀要求。

第四步，把做人、做事的底线划出来。除了针对班级的量化考核扣分，还应该有针对个人突破底线的行为的坚决处罚条例：查到两次以上迟到、讲话、假做，予以全校通报批评，两次通报批评以上，给予警告处分，之后逐步加重处分。

第五步，先锋形象竖起来。政教处每周进行临时性抽查，并评优秀，树榜样，评出部分优秀班级给予量化考核加分。由班级推荐优秀个人参加全校的眼保健操比赛，评出一、二、三等奖，给予个人和班级奖励。每班推荐一人，成立全校"明眸摘镜"使者团，大家互查眼保健操，共同宣传护眼知识，并负责每月给同学上护眼课。使者团同学将会配上专门的服装，让校园处处都有使者团的良好形象。

第六步，用行动体现信仰信念的力量。虽然找到了问题，形成了制度，做成了项目，但关键还在于落实与坚持。坚持信念，坚持行动，相信只要坚持做好眼保健操，只要科学用眼，就一定能让自己的眼睛更明亮，而且总有一天能够把眼镜摘掉。相信相信的力量，更相信坚持的力量。

为了增加体验，让孩子们感受到爱眼护眼的重要性，学校也可以逐步推进独眼体验日、盲人行动夜等活动。

　　"明眸摘镜"的项目书完成了，大家的讨论也结束了。从内心深处，我真的很感谢"两书一章"带给我的力量和方法，细细读、细细体会，慢慢学、慢慢体会，这里有的是智慧和力量。学习不为别的，只为能真正地解决实际问题。

五中"十德"形成琐记

所谓立德树人，究竟立怎样的德，树怎样的人？作为教育工作者，我认为，随着参与德育工作的时间越来越长，在立德树人之路上，越觉得如履薄冰。培养怎样的人，为谁培养人，怎么培养人？在价值观上我们容易明确，但在方法论上往往会手足无措。

王阳明说，每个人都行走在成为圣人的路上。人人皆可成为圣人，但事实上成为圣人者，寥若晨星。德育往往容易拔得过高，变成笼统抽象的概念。从小学开始，德育就成了意识形态的教育。卢梭曾说，教育是生长，自我的生长。而拔得过高就是拔苗助长，往往会出现越重视德育，学生离德育目标越远的现象。

作为高中学校，究竟该怎样做德育工作？我们和学生进行了深刻探讨。首先，通过全校学生的动员大会让学生长时间进行班级内部的自我酝酿，再具体确定班会时间进行有的放矢的德育讨论。通过一次次的讨论，大家明确了德育就是自我的成长要求。德育最关键的是管好自己，德育不是高目标、高要求，而是底线思维；德育是为人处事的基础，基础打扎实了才能根深叶茂，才能同情人心、行为高贵。

全校的 1800 多名学生进行了大量的实践体验，认真观察了校园的每个细节，以及自我的每一个行动，经过认真讨论后，每个班确定 2～3 条自己认为最重要的，必须要遵守的、自我的底线要求。因为全校 42 个班，其中会有一些重复，所以最后共拟成了 60 条备选条目。但 60 条太多，究竟哪些才是真正需要大家去恪守的德育底线呢？学校德育主任余建平老师认为，德育就是让大家参与体验的过程。于是，学校德育处让全校同学进行了细致认真的讨论与投票。德育不仅是学生单方面的事儿，家庭环境和成人环境对学生的成长也有很大的影响，甚至是决定性的。于是，我们让老师和家长也共同参与网络投票，通过3500多人的共同投票，最后我们根据得票的多少确定了"十德"的内容。

通过投票，我们也了解到成人和学生的不同德育目标：老师、家长与学生的投票有惊人的一致性，如：不偷窃、不作弊、不作假、珍爱生命不轻生等，成人和学生都认为这几条很重要；对于不做间谍、不叛国，大家的投票也高度一致。学生认为这些条目挺好玩儿，大家玩着玩着就把这些"十德"的重要内容玩儿到了心里了。此外，在某些具体的条目上，学生与家长、老师的投票也有惊人的不同，对于不沉湎网络、不玩物丧志，家长的投票高，而学生的投票率并不高，这体现了孩子们面对网络的自信，以及家长、老师面对网络的焦虑。对于明辨是非、不乱传这点，学生的投票率非常高，学生随时处于集体生活中，这一条尤为重要；而家长则更多以家庭生活为主，因此家长的投票率很低。这些条目我们都再次和学生进行了细致沟通。

为感谢全体师生和家长的参与，也为记录"十德"内容的形成过程，特留文字以共勉。

附：五中"十德"之排队不插队

为了方便和孩子交流，我在全校设立了5个校长信箱投放处，每年我都会收到上千封孩子们的来信，尽管来信很多，内容也很杂，但所有信件我都会看，也会一一解答问题。有一些问题解答了就过去了，有一些问题沟通了孩子们就理解了，可有一些问题却重复出现，孩子们每年都提，而我每年都答。印象较深的是每年9月，高二、高三年级孩子在信里会共同提道：校长，请制止高一年级的学生在食堂插队的行为。因为"高一的学生在食堂插队"这一话题老是被提及，我们开始慢慢重视起来，也慢慢改变了对食堂的管理。

对于食堂，我们经常关注的是：谁知盘中餐，粒粒皆辛苦，要孩子勤俭节约；不把麻烦留给别人，就餐后要把餐盘放到收盘处；做新时代的文明青年，要求大家做光盘行动的先锋队；公共场所守秩序，不大声喧哗，其实我们也该顺便提提，既然守纪律，就不随便插队。

在就餐时，我们经常把勤俭节约、光盘行动作为对孩子们最底线的要求，久而久之，就发现了孩子们很纠结，学校在管理上也很无奈。事实上，在食堂就餐的生活体验里，我们很难培养好学生勤俭节约的品质，也很难让学生做到真正光盘。可在孩子们给我的众多来信中，恰恰又很少提及这样的问题，或者说孩子们认为这不是问题，至少不是他们不能解决的问题。他们提的更多的要求是排队不插队，仔细想想，这恰恰是我们在学校德育当中容易忽视的问题。于是我和同事们开始跟孩子们做这方面的沟通交流。

实际上，勤俭节约、光盘行动不应该是学校德育的底线要求。平日里大家真不容易做到，而且也很少有孩子真正每餐都做到，是他们不努力，还是不愿意呢？细细想来，勤俭节约是人的素养，属于一种优良品质，也并非是每个人都能养成的品质。品质的形成，不仅要有良师益友的教诲，更要有环境的体验，特别是特殊环境的特殊体验。在食堂平常的买卖环境中，很难能培养出孩子们勤俭节约的品质，想在日常公平买卖的环境中铸就大多数孩子勤俭节约的品质，实属于我们的单相思。其实在日常就餐中，孩子们更关注的是食品的价格、卫生、实惠程度，以及工作人员的服务态度，孩子们要的是服务，要的是公平的交易和买卖。在食堂里，勤俭节约几乎成了孩子们相互之间的玩笑话。

近几年一直被提倡的光盘行动，确实才是我们教育孩子的理想目标。虽然在上级部门的要求下，我们在每张餐桌上都贴上了光盘行动的标签，但是我们离光盘行动的路还有很远。要彻底落实光盘行动，我们确实还有很多的路要走，而想在食堂提光盘行动，路就更远。即使我们在饭店讲光盘行动，路也很远，因为我们吃自助的时候真的很少，在食堂、饭店，除了可以选择种类，你很难精准地控制数量，虽然我们可以精打细算地控制个大概，但确实很难接近光盘，所以对于光盘，我们更多的是提倡。即使是想做好，也不容易每天每餐都达成，所以，我们也没有把光盘作为教育底线。

当学校对光盘行动和勤俭节约过多提及的时候，孩子们发现自己并不容易做好。孩子们努力去做，却时常不能做好、不能做彻底，大家对自我的否定也就增加了。其实我们把德育的理想和目标当成了德育的底线和要求，以至于使孩子们处在了日常生活的矛盾里。

于是我们进一步探讨，在学校食堂的环境中，我们提出只要你自己愿意，人人皆能做好，而且它是大家经常关注的德育要求。当我们把这一问题交给学生讨论的时候，排队不插队成了大家共同的要求。所以，排队不插队一定要成为学校食堂就餐的底线，人人遵守，餐餐遵守，时时刻刻遵守，无条件遵守；你不能插队，我也不能插队，大家都不能插队；所有人所有时间都不插队，即使别人插队我也不插队，所有人都插队，我也不插队。这时插队不是有条件，而是无条件，是底线，是铸就在心底里的品质，并且这一品质只要自我坚持就可以做到。学校提的越多，遵守的学生就会越多，学校所投入的精力和学生品质的形成是同向的，也是正向的。在自我要求的过程中，学生就能达成，要求一次就会达成一次，要求多次就会达成多次，孩子们的获得感、满足感就自然而生了，德育品质自然会铸就。

在大家纷纷讨论排队不插队要不要成为德育底线要求的时候，孩子们发现德育的成效已经显现了，老师们也发现排队与以前不同了。证明这是孩子们能够做好，也可以持续做好的事情。

为了让排队不插队成为德育的底线，进而铸就成属于孩子们的品质和学校的显性文化，我们同时还开展了相应的活动。我们在孩子们中征集了"排队不插队"的下联，还要投票产生孩子们认为最优秀的下联，并且作为学校的楹联镶嵌在食堂门口的柱子上。在这一过程中，孩子们对排队不插队又有了非常强烈的体验，他们发挥了丰富的想象：排队不插队，考试全都会；排队不插队，高考上清北；排队不插队，强强很欣慰；排队不插队，文明诚可贵；排队不插队，彰显五中味……孩子们用幽默诙谐的语言彰显了德育的底线，体验了德育的快乐，其中有双关，有诙谐，但都非常有特色。现在，在排队就餐的时候，孩子们经常会说说——排队不插队；在吃饭的时候，孩子们经常会相互开玩笑——考试全都会……

细细想来，孩子们关注的，才是我们应该真正关注的，教育是生长而不是强加。排队不插队体现的是自我意识，是我应该做到、也能够做到的，同时它也是对自我的管理，很好地体现了孩子们的自我意识和自我管理。

排队不插队，体现的是集体意识和关系管理；尊重同伴，尊重规则。既然能做到排队不插队，就一定能处理好自己和他人的关系，自己和集体的关系。

无条件排队、不插队还体现的是负责任的决定，是彻底的自我管理，是对他人的坚定包容。在一日三餐里，每一个孩子每餐都在告诉自己，我不仅要知道，而且要无条件做到，知道并且坚定地做到就是知行一致了。于是，我对孩子们说：坚守十德底线，勇攀圣人高峰。

团队格局才是大格局

组织全市高中教师进行业务考试的工作量非常大，保密工作要求非常高，程序非常复杂，必须投入的人力、物力和财力也非常大。所以，基层学校该怎样把这件事情落实好，并借势做好团队建设，提升教师个人解题、教学能力，促进高效课堂建设呢？这是非常值得重视和探讨的。

对于考试，历来会有不同的声音，有人说高分低能，考得好不等于教得好；也有人说不下水怎么做游泳教练，优秀运动员是好教练的基础。公说公有理，婆说婆有理，与其多说，不如先做。因为理想总是在行动中实现，目标总是在行动中达成。

面对外在的看法，我们常有丝丝无奈。如果让无奈的心情持续发酵，无奈会变成无能。那该怎样面对现实，紧抓机遇呢？我认为分几步走：

第一步，知道"是什么"。关于业务考试这件事，我们把知道的"是什么"罗列如下：教研室要求大家做好 10 套高考模拟试卷，考试的内容 60%在这其中；教育局将在 5 月中旬的周六，组织全体高中教师进行业务考试；业务考试的成绩将公布，并根据成绩评出一、二、三等奖进行表彰；知道"是什么"，就是在为"做什么"打好基础。需要做的都是组织安排的，作为个人需要做的就是执行，或者说即使不愿意也必须去做。面对考试，就算是老师，大家的内心也会有些忐忑，也一定会有一些无奈。正如费孝通在《乡土中国》中所说："用筷子夹豆腐，穿了高跟鞋跳舞，不踏别人的脚，真是难为人的规律，不学、不习固然不成，学习时还得不怕烦不怕困，不怕烦不怕困又非天性，于是不能不加以一些强制。""强制"开始时，人总会有些不舒服，但因为"强制"，做了之后会怎样呢？每一个中国人都能很自然地使用筷子，许多女孩儿都能很自然地穿上高跟鞋，走出不一样的风采。由于疫情，孩子们离开校园很久，这次复学后我问孩子们回来上学的感觉如何？孩子们说终于到了这一令人期盼的时刻。我相信事情开始时产生的一点儿无奈，恰恰就是给我们走出无奈，进行创新提供的机会。其实，这也是职业能力和素养提高的第一步，既然无法改变现实，那就主动接受现实。

第二步，做好"为什么"。组织如同个人，不喜欢折腾；组织如同个人，想做有意义的事情。知道了"为什么"，就能够为"怎么做"找方法、调心态。思考一下此次组织考试的目的：为了让老师多做题？为了区分老师的做题能力，评出一、二、三等奖，表扬先进、鞭策落后？为了培养教师的能力，提高教学的素养？为了让老师的课堂讲题、析题更精彩？为了让学生的学和老师的教更有效？为了让学生多上名牌大学、多上一段线，为了学生高考的成绩能更好？为了创立"学在兰溪"的教育品牌？如此种种，大家细细去品，一定会发现其中既有组织和领导的"为什么"，也有老师与学生的"为什么"，更有当地教育发展的为什么。提高能力上好课，让学生取得好成绩正是教育者的情怀；学生学习的获得感，正是老师工作的获得感的直接体现；而师生都有满满的获得感，正是"学在兰溪"教育品牌的内在要求。想到这里，大家内心的无奈可能会减少一半，不为别人，只为学生，也为自己，利己也能利他，何乐而不为呢！

第三步，面对考试，老师该怎样践行自己的理念和方法呢？其实，团队格局才是大格局。人生最大的敌人有两个：一个是自己，另一个在远方。单枪匹马怎能胜敌？靠团队方能长远。因此，教研组首先要设置一个高位平衡的目标。面对考试平衡，就是教研组建设的基础。我和几个组长进行了交流，假设他们组内有 3 个人参加考试，考试有 3 种结果：一是 3 个人都获得A 等；二是 3 个人都获得了 C 等；三是两个人获得了 A 等，一个人获得了 C 等，当然我没有指明谁获得了 C 等。最后，我问他们的第二希望是什么，组长们几乎没有什么思考就回答说宁可是第三种。我知道这个选择不是组长的不进取，而是在团队建设中考好了固然好，考差了也没关系，大家还可以共同努力。所以，我们要求教研组客观面对，个人做题，团队研题，共同进步。为了平衡，教研组还专门细化了做题、说题、研讨、考试等细节，力求每一个组员都能够达到事前平衡、事后高位平衡。这是学校团队建设的理念，大家好才是真的好；这也是我们对学生的希望，教会同伴，超越自己，团队格局才是大格局。

不管怎么说、说什么，考试前我们总会有一些压力和埋怨，借用社会学家费孝通的话跟大家共勉："教化的过程是削弱性的，显然也是过分的，我曾称这是个损己利人的工作。一个孩子在一小时中所受到的干涉，一定会超过成年人一年中所受社会指责的次数，在最专制的君王手下做老百姓，也不会比一个孩子在最疼他的父母手下过日子为难过。"

每一次的挑战都是逼着自己跳出舒适区，但每一次的变化都将迎来自我的成长。

对《一个都不能少》的思考

电影《一个都不能少》里讲了不能让任何一个孩子辍学的事例，13 岁的魏敏芝老师做到了，她做好了教育，也体现了情怀。但今天的教育不仅要有书读，更要读好书、育好人。

《一个都不能少》提醒我们要关注学习最困难的那个人，关注家庭最贫困的那个人，关注班级的落后生，并进行积极的转换。其实，大家知道这是教育的深水区，也是教育的疑难区，因为转化落后生真的非常难。只有具备了一定的教育经验和教育技巧的老师，再加上教育的情怀和持之以恒的教育毅力，落后生才有被转换成功的可能。不分析具体情况，不研究具体问题的教育者，先谈"一个都不能少"的理念无可厚非，如果一开始就从转换落后生开始，往往会是付出多、收获少。因为落后生的转换有很强的反复性，多次反复会让新老师失去教育的热情，甚至失去教育的自信，继而会对教育产生迷茫。从易到难，从简单到复杂，这是从许多工作中总结出的一个规律，做任何工作都不能只讲情怀，而忘记规律。因此，对于不同班级、不同学校，首先要进行宏观的研究和分析，然后再进行具体的微观的落实。

对于班级管理，要抓中间、促两端，还是抓两端、促中间呢？我想我们先要明确怎样做，老师要坚持积极教学，学生要有学习获得感。教育是育人的工作，因此，激发老师的积极性，激发孩子持续学习的内驱力才是工作的关键。

任何班级与学校的建设，最重要的是学习团队的建设。学习团队有自身的发展规律：一部分同学会很自觉地在团队中做到自我约束，努力前行；大部分成员会左右观望，前后对比；少量的同学会处于比较落后的地方。这个比例往往前后各占 20%，中间占 60%，如果一个班级有 40 个人，前面有 10 个人，后面有 10 个人，中间往往有 20 个人。当然，团队不同，比例也会有很大变化，但团队的成员有分化是必然的。

是抓中间促两端，还是抓两端促中间呢？虽方法不同，但目标只有一个，就是建设强有力的学习团队，让孩子能够心无旁骛地专注于学习。对班集体的管理或者学校的管理，管理者首先应有一个精准的判断。

判断的标准应该是怎样做才更有效，才更易让大多数学生有获得感。现在中考和高考的压力都很大，大家的关注度都比较高，家长也会很焦虑。抓出成绩是管理者不得不考虑的一个问题，先抓住临界生进行引导，这是教育中从易到难的一个选择，这样老师和学生更容易有获得感，而且会更有有积极性。

扩大边际效应。如果这个学校的学生群体特别优秀，大部分孩子都能够上一段线的话，那么说明大部分孩子都在临界之上，这时，我们首先应该关注的是两端，因为临界点就出现在两端，前 20% 的孩子的临界线是清华、北大和双一流高校，而后 20% 的临界线就在一段线了。这时，如果团队抓住了两端，前面的孩子能过了 985 的临界线，后面的孩子能过了一段线，两端的孩子自然会更努力，而中间的孩子本身就有不错的学习能力，看着前有榜样引领，后有"追兵"，大家就更会不断努力，从而自然地营造一种你追我赶的和谐竞争氛围，这样，一个都不能少的学习团队也就更容易建设。

如果一个学校的生源中等，大部分孩子都处在一段线之下，那就应该换种方式——抓中间促两端。在这样的学校，往往会有一部分学生通过自身的努力就能上一段线，他们信心满满，在团队中有学习的幸福感，也能持续努力，这就是有部分同学经常说："宁当鸡头，不做牛尾"，在学习上他们往往自信满满。处在另外一端的同学学习基础则比较差，离目标会比较远，如果直接从他们开始抓起，对老师来说这就是教育的深水区。如果从教育的难题开始做起，许多老师应该很不适应，也常常无法坚持。老师无法坚持了，学生自然不会有学习的获得感和幸福感。在这样的学校里，中间的学生往往处在一段线的边缘，如果老师从抓中间入手，会更容易让这些学生跨过边界线，而这些跨过边界线的学生就会有获得感。一旦中间同学努力了，整个班级的学习氛围自然能好起来，而前面的同学看着紧紧追赶的临界生，自然会产生紧迫感，再加上本身的学习自信，理所当然会继续带头往前跑。既然班级里大部分孩子都已经在努力学习了，一个都不能少的班级学习氛围自然就会营造出来。

也有班主任和校长会说，我们再怎么努力也不会有一段线的学生。其实，上一段线不一定是教育的终极追求，最重要的是让学生能够专注做事、自信做人。所以，一段线是临界线，本科线也是临界线，甚至专科线也是临界线。有了临界线就有临界生，每一条线上都会有学生有获得感和幸福感。用怎样的方法、该怎么用，其实本质都是让学生在最近发展区产生获得感和幸福感，以至于产生并保持持续的学习热情，建立学习自信。有位校长曾提出"每天进步一点点""天天坚持，样样落实"的口号，其目的就是让孩子在学习的过程中产生获得感和幸福感，并在一天天的幸福感、获得感中快乐成长。如此，孩子们就一定能读好书，老师们也能育好人。

遇上首考，元旦活动添色不少

由于上级对考试安排调整了时间，学校的元旦文艺汇演和首考"撞车"了，那么，是取消还是推迟？高三的孩子或许能无奈地接受，但其他年级的孩子可接受不了。

由于选学考时间调整了，教学计划也要随之变化，大家似乎自然地就能接受了。但面对变化，学校的一些经典活动如果取消或者草草了事，恐怕会给师生带来极大的失落感，也会给学校的经典传承工作继续开展带来负面影响。所以，我们只有在传承的基础上有所创新，才能为学生接受，才能达到更好的育人目的。

记得7年前我初到五中时，因为暑期维修，操场被重车碾压得不适合跑步了，大家仔细商议后，用趣味游戏代替了一年一度的运动会。之后我收到了学生的来信，学生的反馈也直接贴上了学校的网站，比如："亲爱的校长，无体育不清华，你知道吗？体育不仅是游戏，它还是竞技，还是团队的建设，力量的凝聚。光玩几把小孩子过家家的游戏，不能代替我们具有光荣传统的运动会。无体育就没有兰溪五中。"

记得网上还有一个跟帖说："校长你从哪来就回到哪去吧。"

看到这个帖子，我先是火冒三丈（不是我不想开运动会，是操场坏了没办法呀），后来是胆战心惊（操场坏了不是学生的事儿，是校长的事儿，今年运动会没开，这一批孩子的运动会就永远少了一次，我因给孩子们的青春留下无法弥补的遗憾而胆战心惊），最后是毕恭毕敬（孩子们是真的为自己吗？不是的。他们要成就的是同伴、是体育、是学校，要捍卫的是经典，作为校长，我应该对他们毕恭毕敬）。

面对变故，我们有 10000 个理由去拒绝孩子，当然我们还应该有 10000 个理由去为孩子创造条件。第二年，我们把学校的运动会放在了毗邻学校的市体育馆的田径场召开，在大会的开幕式上，我给孩子们真诚地道了歉。记得在那一年的运动会上，孩子们的表现特别精彩，我也得到了很多孩子和老师们的点赞。

与往年没有什么不同，从 11 月中下旬开始，孩子们认认真真地准备起了今年的元旦文艺演出。有老师私下提醒我，因为与选学考冲突，元旦文艺演出今年不适合举办，于是校长信箱里就收到了孩子们的来信，其中有询问元旦文艺会演安排的，也有质问为什么取消元旦文艺会演的……

面对新的变化，元旦会演究竟该怎么安排？在学校团委的牵头下，一场有关于元旦会演的讨论就开始了。

对于经典活动要不要办这个问题，是没有商量余地的，大家一致认为初衷不能丢。

对于如何解决时间冲突的问题，究竟放在什么时间合适，大家认为时间必须变化。但是推迟还是提前？如果推迟了，就没有了迎新的氛围，并且影响所有学生的期末考试，所以应该提前。

如何办才能不影响首考。我们认为如果让高二、高三年级的学生像往年一样认真准备元旦文艺演出，很显然会分散学生考前的精力。即使去准备，学生也会比较草率，节目的质量得不到保证。对于参加考试的学生来说，他们希望来一场演出，来一次活动放松他们的身心，激发他们的热情。高三年级的学生可以参加活动，但不能花大量的时间去为此做准备，他们只需欣赏高质量的文艺演出即可。在大家的热烈讨论中，元旦文艺会演的方案就形成了。因为高一年级学生不参加选学考，而且是高中生活的第一年，他们对元旦文艺演出向往至极。我们认为让高一年级的学生好好准备并表现一番，来一场为高二年级、高三年级的学哥、学姐参加选考学考的考前专场演出比较合适。根据高一学生提议，我们把它命名为：为青春喝彩，为梦想加油——送给学哥学姐的考前战歌。讨论至此，大家都觉得来一场演出没问题，并且主题更明确了，但因为只有一个年级的节目，学校团委整合了其中最优秀的 15 个节目，演出时间也调整为 1 小时 30 分钟。

　　和原来比，演出时间太短，学生不过瘾，觉得节目缩水了。可如果演出时间一样，一个年级的节目又太少，看来在演出前后还必须安排其他活动，最好是能让高二、高三年级的学生真正参与其中的活动。只参加不参与，对学生来说会缺少了些许色彩。

　　接着就是考虑怎么办才能让元旦文艺活动更加出彩。我们决定演出时间不仅不缩水，而且还要延长，要让全体学生都感觉到：今年学校更加重视元旦文艺演出，真正在为首考、学考的孩子们鼓劲加油。于是，元旦文艺演出的时间从下午 3∶30 开始，一直到晚上 9∶30 结束。比原来从 6∶30 开始增加了 3 个小时。3∶30 ～ 5∶00，学校团委安排了全体学生的游园活动，游园的目的地设置在高一、高二年级的教室里，高三年级受邀参加，只要玩好就行，高三年级的学哥、学姐感觉特别好。高一、高二的同学主办了班级游园活动，并且向高三年级的学哥、学姐发出了贵宾券。每个班都设计了趣味十足的游戏：解忧杂货铺、步步高升、知音当铺等等，再加上各式各样小礼品的吸引，活动进行得可谓是热火朝天，笑语连连。在这 1 小时 30 分钟里，所有的学生都得到了放松。不过好戏还在后头，吃好晚饭后，大家期待已久的文艺演出就开始了。

　　今年的文艺演出，各班除了要评比之外，还增添了一个新主题，就是献给高三年级的学哥学姐的战歌分为：向经典致敬、为青春喝彩、为梦想加油等三个环节。它们紧紧围绕着为高二、高三年级的学哥学姐加油的主题，观看后孩子们热血沸腾了。两个小时实在太短，随后大家回到班级又开启了等待已久的班会。作为回礼，在这次班会上，高二、高三年级会邀请高一年级的学生参加。面对新成员，大家都很投入，在持续一个多小时的班会里，大家有说有笑，有唱有跳，有激情有幽默，更有热泪盈眶。

　　虽遇上首考，但它也为元旦文艺活动添色不少。事后组织的老师说，这得益于学校的几个不变：教学中心的理念不变；学生中心的根本不变；全员参与的方式不变；建设良好师生关系的要求不变；向学生学习的原则不变。特别是最后一条，让大家在本次活动中记忆深刻。

　　因为决定比较仓促，活动时间最初定在 12 月第二周的周五，活动之后，第二天就放学。时间公布不久，就有学生反馈说，12 月第二周的周五是 12 月 13 日，这是国家公祭日，不适合搞元旦文艺演出，也不适合搞任何娱乐活动。这是我们未曾留意的。收到这封信后，我们对活动时间进行了调整。我再次无比坚信，向学生学习，以学生为中心，是值得我们一辈子坚守的信念。

第四篇

致教育同人：
携手共进

爱得精致方能临"危"不乱

——考前十天

在离高考只有 10 天时，孩子们有些紧张：到了饭点吃不下饭；经常想上厕所；老觉得教室不安静，想一个人离开教室读书；安静不下来做眼保健操；觉得教室里面特别挤，日光灯特别暗，黑板反光特别厉害……这些反常的表现被细心的老师看在眼里、记在心里。

考前，我和老师们会经常坐在一起沟通与交流，发现问题后，大家力求能够找到合适的解决方法。其实，陪伴与沟通是最基础、最有效的方法。于是，教室里增加了陪伴桌，年级里增加了沟通室。班主任会全程陪伴，学生有问题了可以随时找老师。在考前这个时间段里，冰冷的规则和规矩都要转化为温暖的沟通与交流。当然，一切的呵护只为让孩子的考试发挥更好、成长更稳健，让孩子在临阵磨枪的同时，又能临危不乱，甚至在高考时有泰山崩于前而色不惊的淡定。

教学上，在高考最后 10 天，备课组都会做精心安排。语文组安排如下：默写最后"一张纸"；保持手感"两套卷"；诗歌鉴赏"三步曲"；基础知识"四件套"；作文"五步走——选改批抄背"，精心安排，让"教"有的放矢，让"学"临危不乱，爱得精细，方显担当。

当然，也有因爱得不够精细，留下些许遗憾的情况。考前所有的老师都想为孩子助考加油，这点完全不必怀疑，对老师，我们要给予更大的包容。考生考前紧张，助考难度会大大提升；对学生，我们要给予更多的交流和指导。所有老师都希望能够给孩子精细的爱，只是有时想的、做的还没那么周到。只有更多地探讨，更多地沟通与交流，才会让老师爱得明白、爱得放心、爱得有幸福感和获得感。

在高考前的最后几天，孩子们心里真的会毛躁，对于学习的事儿会更专注，对其他的事儿自然会放松一些，黑板擦得没以前那么干净了，地扫得没有以前那么及时了，垃圾桶保持得也没有以前那么洁净了，但努力奋斗的孩子们是需要有一个更加清洁卫生的教室环境的。这怎么办呢？老师们商量后，决定在考前助孩子们一臂之力。孩子们没有落实到位的值日工作，就让班主任和老师去做。当班主任在班里切切实实地把讲台、黑板、垃圾桶擦得干干净净时，他们发现孩子们对值日的工作也变得更投入了。其实在考前把所有的环节都安排得有条不紊时，考生已经有一颗对待考试的平常心了。我们知道老师并不是要真正代替学生做值日工作，而是给孩子们助力示范，他们是在告诉所有的孩子：即使面临高考，我们也能做好集体的工作，也能保持学习环境的清洁。

我发现了一个班级有些不同：班主任很努力，班级环境还是不尽如人意。事后我了解到，原来为了让孩子们有更多的时间去学习，班主任干脆把班级的值日生制度取消了，自己真正代替学生去值日。卫生委员告诉我，因为值日生取消了，自己又不可能天天去打扫，看着班主任天天在打扫，而班级的卫生还是不尽如人意，他心里也很着急，但又不知道怎么办。其实，孩子并不是因为值日而没有时间读书，而是因为高考心里有些毛躁，面对值日工作不够淡定，他们要的是老师的陪伴和示范。老师的助力是鼓励，是鼓励孩子们在面对大事时，要有勇气和信心，要临危不乱。老师要有爱，但不能溺爱。

有天晚上巡查教室，我发现一个教室特别喧闹，推门进去后，我看到讲台上满是西瓜，瓜汁横流，旁边还放着一把长长的西瓜刀。而教室里并未搞活动，也没有老师。

原来是有"好事"：为了鼓励孩子，一位任课老师赠送给全班同学3个大西瓜，班长就把大西瓜切开，给全班同学分享，孩子们当然再也抑制不住兴奋的情感了，说的、笑的、吃的、谈的、来回走的……于是就忽略了上课铃声。对于孩子们的表现，学校当时给了三点批评：一是未遵守上课的规定并且影响到隔壁班级的学习；二是瓜汁横流影响班级卫生；三是西瓜刀进教室违反校规校纪。老师觉得很冤，认为自己做了好事，是事情并没有做好，反而影响了孩子。那么，老师能不能把事情做得再精致点儿呢？如果老师选一个合适的时间（比如班会课），事先把西瓜根据班级学生的人数切好，举行一个 5 分钟的"甜甜蜜蜜师生情"的助考仪式（这本不是送西瓜而是助考，有仪式更好），预祝大家学科成绩节节攀升，孩子们一定会很开心。西瓜不要多，一小块儿就好；既然是助考，助考的老师应该和孩子们在一起；这样做，隔壁教室也一定不会受到影响；事先切好西瓜就无须带西瓜刀进教室；老师陪伴并提醒孩子不要影响教室环境。这才是真助考行为，而不仅是送西瓜吃。

我知道这种要求有点儿高，但是当我们对孩子们真正爱得精细的时候，孩子们是能记一辈子的，同时也能很好地增加学生考前的信心和勇气。

所以，爱得精致，才能让孩子们临"危"不乱。

一样的晚读，不一样的收获

　　还是从高三年级的晚读说起。周日返校的晚上，不是一个特别适合朗读的日子。这个时间我都会到教室转转，美其名曰为孩子加加油，其实是有点儿不放心。近段时间我在观察高三的晚读，确实有不一样的收获。我看到的不是消极、懒散，而是他们的专注和努力。

　　地点：高三（11）班。一个孩子正在读英语。我问他读的是什么内容？他告诉我他在读第四单元的相关单词。因为周测要考这部分内容，他觉得读了就有用。我又问他只为周测而读是否会有点儿急功近利，他说："如果我能把每次周测都考好了，我不相信期末考试会考差。即使期末考差了我也不后悔，毕竟我已经很好地享受了每一次周测过程中的幸福与快乐。"

　　地点：高三（12）班。一位女同学站在走廊里读地理，我问她在读什么呀？她说她是学日语的，原本老师安排的任务是读日语，但她已经完成了，所以晚上就自行安排读地理，内容就是近两天地理课所上的内容。因为这两天上的地理课的内容她还记得很清晰，如能及时巩固，她觉得学习效率会比较高，记忆效果也好。

　　其实，对自己所做的事情，每个人在最短的时间里都应有一个明确的小目标，这时学习无须轰轰烈烈，只需默默耕耘。及时完成自我的目标即可，而不是时时与他人比较。

　　看到高三的孩子们对学习有自己的想法，能按照自己的意图，而且学习着不累，我很高兴。因为之前情况并非如此。

　　就在多天之前的某个晚上，还是在这幢教学楼。

　　我询问孩子们的读书情况时，对读什么内容，他们笼统地回答读书本，他们没有有阅读清单，认为读书就是为了熟悉知识点、记概念和基础知识。当被问到有什么获得感时，他们都表示不知道。

这让我真切地感受到：早读和晚读的时间统一到了学科，年级组完成了时间分配的任务，班主任完成了班级时间布置的任务，却没有具体的阅读内容、学科阅读任务和清单。这是任课教师没有执行到位、任课教师和年级没有形成合力造成的。年级和班主任老师都做了努力，但最后的 1 千米却没有打通，这对学生成绩的提高是无益的。因为学科成绩的提高，更多因素是在科任教师和学生的课堂上，年级和班主任的管理和安排只是基础。没有明确目的的读练结合，使学生没有即时获得感。付出了总有回报，这是劝慰人心的；回报看得见摸得着，大家才会为之努力。这不是目光短浅，而是要把孩子的小目标日积月累成大目标，在此基础上通过孩子的持续努力，最后获得应有的成效，才会符合人的需求。犹如我们期望工资和绩效考核能按月发放。如果说工资按年发或者说每 10 年发 1 次，我想大家都会感觉很不爽，甚至干脆就辞职不干了。不是说你不爱教师这个职业了，而是由于长久缺乏即时的获得感造成的。

我们不是不努力，而是没有根据规律和人性的需求来设计自己的教学环节，工作没有落实到位，以至于没有形成团队合力。当有了付出，而收获却没了时，人就累了，甚至于最后还无法明白：为什么我这么努力了，成绩还没有提高，是不是我能力差？其实，教育的成效是一个整体，它需要人人努力形成合力才行。

学生即时的获得感还体现在教师对学生作业的批改上，就像考完试学生马上想知道成绩一样，学生做好作业后，会很期待老师的批改，自己的作业究竟是对还是错呢？如果老师过了 3 天才把作业发回去，此时学生对本次作业的短时记忆已经消失了，所以学生第一天的作业，教师第二天要批改好并反馈给学生，越及时越有效。另外，当学生打开作业之前，如果已经知道了老师的批改结果，他也不会有即时的获得感。例如教师没有认真批改作业，只打个对勾，写个日子，学生就更没有打开作业本的兴趣了。所以学生的获得来自老师及时的付出，对于作业，教师要做到全批、全改，及时批改；对于早晚读，要做到读练结合。学生完成本周的阅读清单后，就会有周测的获得感，就会有学习的兴奋感、幸福感和快乐感。对老师发出的信息，及老师提出的希望和要求，才能日益遵守，日益精进。

所以，老师们一定在细节上掌握好教与学的规律，这些都是为团队、为自己，更是在为孩子成绩的提高守住教育的初心和使命。

我们还可以改变很多

——写在离高考 15 天之际

离高考还有 15 天。这 15 天能不能改变什么？还能改变多少？不要给自己设限，想法不同，结果就不同；光有想法而没有创新落实，其结果肯定不理想。

15 天一定能改变很多。我拿高三年级教室的黑板和平板升级的事情作为例子来说说。

离高考不远了，高三教室的黑板和平板要不要更换？要不要升级？有人跟我说："都高三年级了，就算了。"理由有三个：一是反正离高考没有几天了，更不更换、升不升级差不多；二是在教室里面装黑板、升级平板会影响高三年级的教学，高三年级影响不起；三是不做也行，也不会有人来找麻烦。

更不更换、升不升级，真的差不多吗？那为什么前段时间我们的师生都那么渴望升级平板，更换黑板呢？这说明换不换差别很大，黑板换了，数学老师能写更多的板书；平板升级了，一定更有利于辅助教学。为什么到自己要付出的时候就说"高三了，变与不变差不多"了呢？也许高三年级的师生们不认可这种看法，15 天时间少吗？其实 1 天都不能少，1 个小时都不能少，1 分钟都不能少。大家都在争分夺秒，我们又怎么能放弃这 15 天呢？我们应该先把高三的每分每秒都用好，这才是正确的选择。因此，我推翻了第一个理由：不是差不多，而是差很多。我们要坚决完成高三黑板更换和平板升级的任务，为高三孩子最后复习冲刺做好最后的服务。请大家一定相信，15 天能改变很多，你不改变，别人却在改变，只有你改变的比别人更多，高考才有更多的机会。

装黑板与平板会影响教学吗？按照我们传统的做法，升级平板、装黑板和教育教学的时间确实会有冲突，但是我们一定能想出其他的解决办法，要用创新的方法去解决看似存在矛盾的问题。于是，我们和后勤部门商量，把升级平板与装黑板的时间和学生的教育教学时间错开，装平板的时间全部放到了晚上9：30学生离开教室之后，而装黑板的时间放在了周六下午放学之后，两项工作的最后合成时间则放在了上周六的晚上八点至深夜两点。这样就不会影响孩子们的学习。能做的一定要做好，不能做的要想办法做好，表面上看来不能完成的事，只要用心思考，就一定可以做好。亲爱的孩子们，如果你有一而再再而三没有解决的数学难题，到今天为止就真的没有办法了吗？就真的没有突破问题的思路了吗？一定不是的，有些事情看似矛盾，其实我们换个思路，就会柳暗花明。

不做真的可以吗？不做真的不会有人找我吗？想想还确实是。不可能有家长来找我，更不会有学生来找我。我仔细思考了原因，那是因为家长宽容，学生自己忙没有时间。而我要做这事儿就是希望给师生带来帮助与方便，提高教育教学的效率。

我们的目标不是没有人找麻烦就好，而是要给师生带去最大的方便。做这件事情是完善我们自己的工作，追责我们的应该是我们为师生服务的心，对得起自己的工作。以学习为例，你松懈了，不会马上有家长用眼瞪你，不会有老师用语言指责你。其实，无论老师看不看着，你们都一样努力。是什么让你们有如此定力呢？那就是爱学习的心。你们努力学习，就是在追求内心的安宁，在追求未来的美丽。

什么是有效鼓励

有效鼓励就是经常鼓励并且鼓励到位：鼓励有效、鼓励有法。最后达到无须老师鼓励，学生也能做到自我鼓励。那么，在日常学习中该如何鼓励学生呢？

第一，心的鼓励。如果在你所教的学科中，孩子学得游刃有余，你所讲解的知识点孩子能够举一反三、触类旁通，日积月累下孩子往往就会被你的学识所打动，会被你的博学多才所折服。即使在课堂外你和孩子交流得不多，但绵绵用力、久久为功的课堂，也一定会为你们建立良好的师生关系打下扎实的基础。在这种情况下，老师就应该多给予学生心的激励，而不仅仅是学科知识的巩固。要多和孩子谈人生、谈理想、谈价值观，让孩子有目标、有方向，对未来更充满信心；多谈谈孩子的薄弱学科，让他在薄弱学科上多下点儿工夫，让他为家庭、为社会立下人生志向。应该和他多讲讲人生观、价值观，讲讲亲情、家国情怀，这样孩子对自己的认识会更全面，对老师的认识也会更完整，得到的鼓励也一定会更深入、更持久。

第二，分数的鼓励。读书就避免不了考试，考试自然就会有评价，评价自然就会有区别。老话说：考考考，老师的法宝；分分分，学生的命根。分数是一把双刃剑：用得好，就能够很好地鼓励学生；用得不好，反而会伤到学生学习的积极性。孩子们经常参加考试，对分数有天生的敏感。分数考高了，他会觉得自己对试卷所反馈的知识点掌握了；分数考高了，他会觉得自己与同学相比更有优势了。对于经常在一起学习和考试的孩子，我们需要时常给他们灌输这样一个理念：同学是最好的合作伙伴，而不是残酷的竞争对手，人生真正的对手有两个：一个是自己，另一个在远方。尽量淡化考试的排名，只让孩子们关注考试的内容，关注失分的知识点。为了达到用分数激励学生的目的，老师在考试命题时，先要了解学情，保证试卷的难度系数不得低于0.7，不同难度的题目也要按照一定的规律在卷面上进行排列，这样学生在完成试卷的过程中自然会得到激励。如果学生对你所任教学科的学习不是很有信心，考试成绩也不理想，那么你和学生的交流以及对他们的鼓励，一定要以学科里问题为载体，在交流的过程中，尽量帮助学生解决学习方面的问题，少说人生观、价值观，以及学科之外的内容，更要解决学科问题，提高学生的学习信心与考试分数，分数提高了，你们之间的交流也就自然了，鼓励也就到位了。如果说优势学科老师的学科外鼓励叫补心，那么薄弱学科老师的学科内鼓励应该就叫补分。既让孩子有对未来的憧憬，也有当下的获得感，孩子定能马不停蹄向前冲。

第三，活动激励。鼓励的方式方法有很多种，不仅有说的，还有做的。可以是老师指导之下的活动，也可以是师生共同努力的互动活动。在活动当中让学生得到鼓励并建立自信，然后逐步迁移到学科的学习上。每到高一年级新生入学时，经常有家长跟我抱怨，说自己的孩子平时考得挺好的，但中考却发挥得不好。我也经常会问家长一个问题："你的孩子平时会积极地把自己已经掌握的那些题目教给不懂的同学吗？"我得到的回答往往是不了解或者说自己的孩子平时话不多。其实，从听懂到会做，再到会教，这不仅是一个知识增量的变化，更是一个心理变化的过程。为此，我们平时要求学生进行说题训练，要把解题的思路和过程大声地说出来，在团队成员面前说出来，要让大家听懂。这样的活动不仅加强了学生间的沟通，更能让孩子的自信心得到增强，得到的鼓励才是最持续有效的。当然我们也不排除文艺、体育等文化学科之外的活动，虽然能力迁移的路径稍微远一点，但同样也有效，同样也能够鼓励人、激励人。在这一过程中，老师和家长要投入更多的指导，但切记不能让孩子只停留在文化学科之外的活动上，否则就得不偿失了。

想得到鼓励是孩子的天性，给予孩子鼓励是教师的天职。我们也不会忽视那些越挫越勇的孩子，他们天生就有那样坚忍的意志品质，对于他们只用鼓励，可能就会是伤害。对于他们，该让他们做难题时，该让他们考低分时，我们也无须手软，因为他们是沙漠里的松茸、高山顶的苍松。

虽说鼓励是主流，但了解孩子、因材施教才是真理。

有效教育，一定是触及孩子内心的

总想符合天理，也总想满足私欲，人总是处在天理和私欲的对抗和矛盾之中。有人做得很好，有人却失去底线；有人做得越来越好，有人却越来越守不住私欲的底线。怎样能守好底线呢？其实，只有守住自己最初的想法，集中精力于此，行动才能坚决。

为了守好底线，我们经常提醒学生，也经常提示自己要防微杜渐。偷了一个橘子不制止，就可能会去偷一袋苹果，再不制止就会去偷一辆汽车，这样下去，小偷就成了江洋大盗。教育者疾呼要防微杜渐，但是又不能把小偷当成江洋大盗来严厉处罚。于是在学校里，当学生犯了错，所有的事情都一次性地解决，谈到最后老师会跟孩子说："回去吧，下次好好注意。"学生点点头或者头也不点就回去了，事情到此结束。可老师们往往会发现，这样来处理事情，学生重犯的概率很高。只是就事论事，没有触及思维深层次的训诫，没有从内心深处去改正学生的不足，没有抓住并利用好想法、意念的时间和机会，收到的效果并不好。

记得有一个班主任曾语重心长地告诉一位同学：你如果不迟到，我们班就不会有人迟到了。后来，我找这位同学了解情况。这位同学倒是很直爽，她告诉我她迟到已经成了习惯，其实她很想改变，但就是改变不了。事实上，她迟到的原因无非是起床太迟、要花很长时间洗漱，要买早餐、偶尔路上会碰到一些问题。我问她每次迟到的原因是否相同时，她仔细地想了想，说："每次迟到的原因并不相同，有时是因为起床慢，特别是冬天；有时是因为买早餐太挤；有时是因为打车时间太长；有时甚至因为骑车爆胎……"说到因车子爆胎而迟到，她清楚地记得只在 3 年前出现过 1 次。那么爆胎就属于意外，是小概率事件，暂时不管。我又问她每次打车需要多久？时间长短差别大吗？她没有统计过。我建议她统计1周后告诉我。1周后，她把打车时间的记录给了我，我看差别最大的也没有超过两分钟，毕竟我们这里是小地方，早上也不是用车的高峰期。但就在这1周里，她没有迟到。最后我告诉她，我们人生不能太匆忙，要能控制好这两分钟。她答应了我，事实上这1周她已经做到了。在这1周里，她的所有行动都在撞击着她的思维。我相信对于打车这件事儿，她一定会有新的行动和想法。我们知道，一次性做好全部的时间管理很难，但是对于控制好两分钟，一般人都会有信心也能做到。我们要让孩子在思维上战胜自己，要给孩子时间和勇气去尝试，同时还要持续关注鼓励他们。

排队买早餐的事儿，要比打车更容易解决，只要思维改变了就可以。听说她接受了早餐多种营养摄入更健康的想法，不再只吃拌面了，哪样不挤就去买哪样；听说让她带早餐的同学也接受了她的这个提议。这就是她的想法改变了，思考问题的思维也就跟着产生了变化。

最难的还是懒床，特别是在冬天。到这个问题为止，我和她之间已经交流了很长一段时间了。期间，她偶尔还会迟到，但是比以前少了很多。因为迟到的原因在变化，她的思维想法也在产生变化，她对自己更加有信心了。我再问她，当睡在温暖的被窝里听到早上闹钟的声音时，她的第一想法是什么？她回答该起床了。其实道理人人都知道，坚守初心方能不辱使命，人心中最初的那个想法是最正确的。但知道不等于行动，想到不等于马上去做，人经常是这样。最后她艰难地起床，然后把所有的事情都做得急急忙忙、毛毛糙糙，可能还是会迟到几次。我问她第一次迟到，看见班主任的时候会想些什么？她说她感到很不好意思，挺后悔的。我让她把这过程再想想，找出问题的症结。她说是她没有坚守自己最初的想法——该起床了。至少她把最初的想法淡化了，她在享受着被窝的温暖。当我们面对困难的时候，如果能把自己所有的精力集聚到最初的想法上，就能够把很多事情做好，做成功。过了一个冬天，又来到了春天，我看到这个孩子的脸上天天挂着微笑，对早上迟到这件事，她已经领悟了很多，思考得更为成熟，要面临的困难自然也就慢慢减少了。

对于迟到这件事情，从表层看，改变思维坚守初心似乎特别困难，但是我们发现，只要孩子稍稍努力就能够达到目标。对于她的努力，老师如果能给予积极的回应、鼓励，效果会更好。这样她便能坚持下去，时间一长，思维得到了改变，习惯也就养成了。我们也发现，在行为方式上容易改变，但是在学习上的坚持和改变更难。在成绩提高上，我们往往会把他和别人相比较，当他努力时，其他同学也努力了，他的成绩不会马上进步，就很难得到自我的肯定。以至于一些同学努力了一段时间之后看到成绩没有进步反而退步时，就自暴自弃了。如此看来，在学习上我们也应该给孩子一个小目标，让他通过短时间的努力就能达成目标，孩子的改变就会立竿见影地显现了。我们知道，差生就是在一次次的打击中慢慢变差的，没有天生的差生；同样，我们也坚信，差生能在一次次的获得中，在一次次具体的表扬里，逐渐变成优秀的孩子。

今年的军训结束后，我拉住了一个活蹦乱跳的小同学聊了聊天。他说他最大的感受就是在放弃和坚持间选择了坚持，所以他很开心。军训刚开始，当天太热他吃不消时，他就跟教官报告要求休息，教官马上就同意了。后来他就在断断续续的休息中结束了军训。今年军训第一天，当他要求休息时，教官告诉他再坚持坚持，实在吃不消再报告。他就汗流浃背地坚持着，带着埋怨地坚持着。在千难万苦中，他听到了休息的哨声，他几乎瘫倒在地。体力恢复后，又开始了晚上的训练，一天就这样过去了。因为第一天的坚持，第二天他感觉稍好些，但他知道自己还能坚持。就没有报告教官要求休息，到第三天时，他已经很享受站在太阳底下汗流浃背的感觉了。他感谢自己选择了坚持。

在这里，我们很多人看到了教官的陪伴和严格约束，但是听着孩子的叙述，我知道，每一天他都在做着不同的思考，其中有动摇、有忍耐、有坚持，他享受着不同的获得感，也在慢慢成长。

他在军训日记中写道：我在教官的陪伴和严格的约束中成长了。我很开心，我想明白了，真的感谢军训，也感谢教官。

教育一旦触及思维，定能陪伴孩子开心成长。

化学平均分数达到 87 分以后

高考具有选拔性，而分数就是录取的标准，所以考试很重要，分数越高越好。期中考、期末考、联考、模考、月考、周测等过程性考试应运而来，老师觉得每一次考试都很重要，希望学生把每一次考试都当成高考；学生也非常重视每一次考试，无形之中就把过程性考试的分数和高考的分数画上了等号。考试命题越来越难，考生也越来越急，以至于每一次考试都成了学生的负担。减少考试次数或许能让大家暂时舒服些，但是大家也知道，过程性的检测与巩固必不可少，那该如何解决这些问题呢？

在之前的测试中，每次都是几家欢乐几家愁。分数低了，忧愁的人自然就多了；而欢乐的是那些考高分的，他们觉得这段时间的学习卓有成效，比别人考了更高的分数，或者超过了某某某，感到很开心；而忧愁的是那些分数低的，他们觉得近段时间的知识没有掌握到位或者名次大不如前，也有个别人认为自己不如某某某。其实，高考和过程性考试是大不相同的：高考重结果，分数是录取的依据。分数可以给我们提供不同的学习平台，所以，高考最重要的是获得了多少分；过程性检测重过程，分数是我们判断近期知识掌握程度的依据，最重要的是让我们自己明白还有哪些疑问没有解决，所以检测的重点是你未掌握的部分。

只要师生统一了认识，我们就能加大过程性检测的改革力度。被考试紧紧围绕有利于激发学生的积极性，有利于调动学习主动性的目标，让学生有获得感、幸福感、振奋感，激励学生持续性考试的欲望和能力。

本学期周测除了在监考、阅卷、分析、表彰等方面严格要求之外，我们和全体命题老师一致商定，难度系数必须控制在 0.7 以上，并且把难度系数的控制作为命题成功与否的唯一标准。本次周测，老师们带着疑惑执行了这一规定。高三团队确实表现很不错，他们把语、数、外、理、化、生、政、史、地等9门学科的难度系数都控制在0.7以上。

这样的周测，究竟给师生们带来一种怎样的反响呢？我带着疑问与他们进行了交流。

我选择了本次难度最小的学科——化学，和老师们进行了交流。他们告诉我：第一，这些题目其实并不简单，他们也没想到学生考得这么好。以前经常听人说，这么简单的题目，学生还做不对。第二，看到考试分数后，学生很高兴。他们的考试成绩是真的，自己能做的题目没有人愿意去作弊，这让师生之间的信任度得到了大大提高。以前经常有老师说，考试后一定是几家欢喜几家愁，哪能人人都高兴呢。他们认为让一部分人不开心是理所当然的事儿，其实不然。第三，讲了很多遍之后孩子还是不明白，老师不埋怨是假的。以前我也经常在办公室听到老师们说孩子听课效率低，讲了很多遍之后，还是不懂。本次周测，老师把一些课堂上讲过的，自己认为比较难的题目放到了试卷里去，结果大多数题目学生都能迎刃而解，这让老师发现学生上课还是挺认真的。第四，集体备课后，各位老师的执行是到位的。平时大家都按集体备课的要求上课，以前采用综合卷、规范卷检测，好的还是好的，差的还是差的，学生的成绩总体上变化不大，总怀疑有老师启动了个性化教学，以至于大家相互猜疑。这一次我们能看出各班的情况和以前相比有了很大变化，它只跟我们的课堂有紧密的联系。可以看出老师的课堂还是很一致的，集体备课很是高效。第五，只有选择题的第四题带有普遍性的错误。这次考试的分析，只花5分钟左右就可以解决，不会影响日常的上课进度。老师也更自信了，以前经常有老师抱怨考后光分析试卷就要花2～3堂课时间，影响了课程的进度。最后，老师还建议稍稍调整一下难度，要让试卷更有挑战性，学生才会有更大的获得感、兴奋感。

考后，我们也及时和部分孩子进行了沟通，希望以此更好地架设师生之间沟通的桥梁。学生主要有这几点感受：一是试卷太简单了，自己会做更难点儿的题。由于考的知识点老师刚刚讲过，他们的记忆还很清晰，巩固起来比较容易。总之大家很开心。为什么不能让孩子们开心一下呢，这不就是学习的兴奋感吗？二是当我问孩子们想和老师说什么时，他们说老师现在真挺好的，他们很喜欢这种考试方式。试卷简单了，分数就好看，学生们都很喜欢。还有人第一次考了满分。如果能把近段时间学习的知识和题目都弄懂了，大家对下一阶段化学的学习会更有信心。其实，老师们不用担心学生考好了就会"小富即安"。第三是孩子还有些真心话想跟老师说，他们希望题目改动得能够更大一点儿，最好能找到相同类型的题目，更具挑战性。看到大家分数都高，都蛮开心的，以前考试后也会有一些开心的人，但比较少。有的人即使考了前十名，也不一定会很开心，因为似乎在考前他就知道自己能考前十名，现在大家却发现，平时的努力越来越重要。稍不留神就会有人超过你，考试更有吸引力了。

高考是考试，过程性考试也是考试，计量的工具都是分数，但是考试目的不同，分数的作用也就不同，因此我们对分数的认识也应该不同，同时，试卷的难易程度也有差异。

根据实践，在高中生过程性检测中，0.7 ~ 0.75 的难度系数会比较恰当。原因有四点：一是最近发展区。这样孩子会更有争取的欲望和进取的信心。二是最佳感觉区。0.8 以上太轻松，学生会不重视过程，而 0.5 ~ 0.6 则缺乏获得感，努力了也没用，学生容易放弃。三是最佳进度区。平均分在 70 分以上，学生普遍性的错误不超过 2 ~ 3 道题目。这样一来，试卷分析时间就可以掌控，不会影响课程进度。四是最佳巩固区。一次考试如果暴露了太多问题，老师会来不及分析，学生来不及巩固，从而不利于知识点的滚动推进。高三教学，只求进度，吃得越多就越无法消化，容易被撑死。看似前途一片光明，实则问题多多。

高三的教学，由于时间长、压力大，本身就辛苦，所以我们要创造更多的兴奋点，让学生有更多的获得感，让家长有更多的幸福感。

复学后，三步走提升学习信心

2020 年，我们共同经历了一场突如其来的疫情。不管别人怎么样，也不要相信别人可能会比我们更糟，我们自己一定要明白，教育教学受到了极大的冲击，这是不变的事实。

也许我们都应该相信，把"危机"变成"机遇"这一说法，但说实话，我有点儿不太认同。至少到现在为止，我还不够自信，还不能认为这是一个机遇。倒不是不认同"非常时期要在危机中找机遇"这种观点，而是不认同，我们学校作为一个普通的学校，我自己作为一个普通的校长，我们的高三年级作为一个普通的集体，我们做不到直接跳过危机处理的步骤，直接把"危机"等同于"机遇"。

我今天的建议是：我们绝不盲目乐观，危机就是危机。想要走出危机，必须遵循科学的方法和步骤。

面临大事、难事时，我们要一步一步走。

第一步：和全体学生讲真话，承认学校的不足。由于后生可畏和无知无畏，复学后许多人会想一口吃成个胖子；有些人则会一直处于担心和忧虑之中。他们有的是忽视疫情所带来的危害，有的是在危害中无法自拔，这两种人都没有从疫情中走出来。我们要和学生真心沟通，作为普通的老师，你不可能把大家失去的所有时间在短时间之内统统补回来。应该承认网课的效率真的没有线下的效率高；应该承认网上的作业没有线下的作业批改效果好；应该承认网上的交流和面对面的交流还是有很大差距的；还应该承认线下的每一次考试都要比网上的考试效果要好很多。因为高考同样也是在线下进行。

最关键的是，我们还得告诉孩子们，他们的校长是一个普通的校长，老师也是普通的老师，都不可能对疫情做到"妙手回春"。失去的时间终将失去，6月7日我们将迎来高考，这两个多月的时间，是我们考前的所有时间资本。

第二步：重建学习心态。学生很担心、焦虑，我相信老师们也会有自己的担心。怎样才能让学生的情绪变好呢？只有让他们的情绪得到发泄，或创建兴奋、快乐的情绪来抵消焦虑的情绪，除此之外别无他法。情绪走势的"库布勒－罗斯"改变曲线表明：当一个巨大的挫败或者危机来临的时候，人们并不可能一下子接受，对它的接受是需要有一个过程的。巨大的挫折或者危机来临时，人们先是震惊、否认；然后会愤怒、沮丧；最后才是尝试、接受和整合。

时间已经过去好几个月了，今年的高考成绩肯定会受到影响的。我们能怎么办呢？其实每位老师都知道，我们真的想不出更好的办法来弥补这两个多月时间的损失。我也同样如此，虽然大家在家但并没有在线上教学中闲下来，但是大家都知道目前的线上教育教学效果没有以前线下的好。这些我同样也无法弥补给大家。老师们一定要跟学生讲真话，面对疫情、面对突发事件，我们没有任何经验，只能抓住今天，把握好今天。我希望各备课组成员之间能够多多商量如何更好地备课，年级组管理的同志能够多坐下来商量商量，德育如何促进教学，教学如何促进育人。没有育人的教学是失去基础的教学；在当下，不能促进教学成绩的德育是不受欢迎的。

第三步：积小胜为大胜，及时的获得感很重要。让学生有及时的获得感和幸福感，这才是硬道理。要用一系列的小胜仗，来重建学生的信心、班级团队的信心、学科团队的信心。我非常认可一种说法，叫作"打胜仗是最好的团建方式"。人是"情景动物"，如果看到周围的人和自己迟迟没有成功，久而久之，他们也会丧失斗志。所以，年级组一定要精心做好检测，特别是周测，要让认真准备的学生能及时不断地有获得感和幸福感。要把控好胜利的节奏，带领团队从一个胜利走向另一个胜利，并最终从困局中走出来。每个备课组、每个班级都要充分关注以下三个环节：

第一，首测开心。怎么样才能做到首测开心？没有人能够对线上教学充满信心，学生和家长同样如此。学生到校之后的第一次测试，最重要的意义是什么呢？是真正检测线上学习的效果吗？坦白地说，这点是次要的。通过这次考试，最重要的是要让全体学生重新树立起足够的信心，迎来开门红。信心赛黄金啊！作为学习主体的学生有信心了，引领的主体才能更有信心。学生一旦迎来了开门红，班级一旦迎来了开门红，大家就会发现学生的眼里会有光，行动就会更积极，就会进入事半功倍的状态。

第二，再考信心。备课组一定要命制好周测的试卷。要求各科以高考卷中题号、题型为准，以临界生为研究商讨对象，每科列出 8～10 个临界生的薄弱点、增分点、易错点，然后针对这三点，每点分为 2～3 题进行组卷，总卷不超过 20 题。按照"预估讨论临界生三点组卷、测评、暴露点专项强化、再组卷测评……"循环反复。只要孩子们能感受到高考的增分点在一个一个地被突破，他们自然会迎来信心，他们的胜利情绪也自然会大增。如果临界生的信心得到了极大的提高，这就证明教学的针对性很强，学生的复习效率就会提高。

第三，全科提分。总会有一些学科、知识点的硬伤，是学生自己搞不定的。此时任课教师一定要很有针对性地帮助学生，要采用课后辅导的形式拿下来，如果拿不下来，学生就始终会有心理阴影；如果拿下来，学生就会越学越开心。对于班级临界生也同样如此，这个时候更要发挥班主任的总协调作用，全科补弱才是真正的临界提分。这就印证了一句话，"科科提分才是真的提分，大家好才是真的好。"只要把临界生提分的工作从学科到班级做到位，今年的高考成绩一定能有很大的突破。

总之，希望不是说出来的，而是干出来的，多数人是"看到才会相信"，只要尝到甜头，决心就会自来。

另外，老师要有"三个不放松"：即不放松线上教学的学习、不放松对学生自律意识能力的培养、不放松家校沟通与合作。因为，有时候一位好的家长真的比一个好的老师更重要。

考后十问走难关

选考结束后，学校安排学生休息两天。这两天高三的师生最想干吗呢？班主任们说最想睡觉；学生反馈说，这两天什么都没做，就睡觉的时间最多；家长反映说，孩子在家非常安静，完全放松，甚至都没看见他们拿手机。

考前我们一直在说，一鼓作气，首考必胜，考后的士气自然容易再而衰、三而竭。但首考结束后，学习还是要继续的，孩子们还要准备"再战"；7选3加英语完成了，还得准备语文、数学的期末考试。两天的休息时间一晃而过，回到学校后学生的状态如何？学校又该怎么调整管理策略？首考安排在1月还是第一次，学校没有现成的考后管理经验，只有通过观察现状找到问题，进而解决问题。我们知道，学生的情绪不可能像开灯、关灯那么容易调整。因此，高三年级部仔细观察记录了学生来校、上课、课间的情况，分别召开了部分学生和班主任老师座谈会，希望在短时间内能找到合适的解决方法。

经过首考的学生与以前不同，他们似乎一下子成熟了，与老师之间的交流也更畅通了。座谈会时，一位学生说："等待结果确实挺焦虑的。以前早读20分钟前，教室里已经书声朗朗，大家入室即静，入座即学；现在早读10分钟前，教室里才寥寥几人，来了之后还有人走来走去、看来看去、问来问去；以前的课间会讨论题目，相互看试卷，现在大家会讨论杂志、小说的内容；自修课多了，作业少了，但大家还是完不成，其实是不想做，特别是数学的大题和语文的主观题。"

带着了解到的学生存在的问题，我们召开了老师座谈会。老师看到的情况几乎和学生反馈的一模一样：大家放松了。班主任心里急，语文、数学老师心里更急，但是老师们采取的种种措施都收效甚微。就像学生说的，老师说要大家调整心态，他们也真的知道，但就是做不到。

于是我们和老师商定，从大处着眼，所做的事情要年级统一。当孩子们看到大家都这样做的时候，心里自然会安静下来，以此弥补老师单方面努力形不成合力的不足；从小处着手，罗列出目前困扰在学生心里的几个问题。要做到年级工作统一、目标明确，当老师们深入讨论学生碰到的问题之后，考后十问就形成了；但当大家再度深入讨论后，发现老师回答不了这些问题。那么谁能回答这些问题呢？解铃还须系铃人，于是年级组提议并商定，全体班主任在自修课时分别组织学生充分讨论这十个问题。因为这几天只有语文、数学两门课程，学生的自修课多了，作业少了，这时的讨论恰恰可以成为大家很好的作业。一场轰轰烈烈地针对自己，同时也为了群体的大讨论开始了。其实对孩子们来说，所有的问题都不是难题，他们都知道答案，但是他们需要相互鼓励、思考、讨论的过程，需要说出来的过程，需要别人倾听的过程。为了能让孩子们在讨论中有及时的获得感，年级还把讨论结果做了记录分发给大家共享，并再次做了调整。对于这次孩子们提出的许多的建议，我们让班主任直接去落实了。例如，孩子们喜欢看书而不喜欢做试卷，何不让他们到阅览室、开放书吧认认真真地看两节课的书呢；孩子们希望好好地运动一下，何不让班主任和体育老师组织一场有意义的运动呢……

今年高三的时间太短，我们事先做的预案还不够充分，但是我们相信，只要学生喜欢的，老师接受的，做一定比不做要强很多，更何况我们还有明年、后年。做好观察、做好讨论、做好预案，既为个体也为群体，既为今天也为明天，为2020届和以后所有的孩子。

以下附十个问题，希望大家在讨论中找到努力的方向和目标。（答案不赘述）

1. 数学的状态如何才能尽快找回来？

2. 全面"二战"心理如何调整？

3. 平时不错的，这次选考却认为不好，这怎么看？

4. 期末考试究竟有何用？

5. 考后要不要对答案，怎么对答案？

6. 自修课多了、作业少了，时间如何安排好？

7. 对这段时间强化体育锻炼怎么看，可以怎么强化？

8. 放松就是走出了选考，但走不进期末考怎么办？

9. 班级组织怎样的活动你会参与也最应景？

10. 寒假几天准备做什么？

我们要相信，每个孩子都是硬核力量，他们天生就自带正能量，越走近孩子，我们就会越肯定这点。

我们期盼着：新的一年会更好！

班主任论坛里的引言和心语

　　为了更好地分享班级管理经验，促进班主任队伍的成长，每年我们学校都会定期举办班主任论坛。每一期论坛，我们都会仔细敲定主题，走进具体的学校，分享和交流育人过程中的心得和困惑。今年我们的主题是"十德"教育，在走进衢州二中、开化中学后，部分班主任分享了育人心得。仔细聆听了班主任们的精彩分享后，我被大家的心里话深深触动了。

　　一位班主任深情地说："'做好老师，要有仁爱之心。爱是教育的灵魂，没有爱就没有教育。''好老师要用爱培育爱、激发爱、传播爱，通过真情、真心、真诚拉近同学生的距离，滋润学生的心田。'我知道，这是高屋建瓴的教育智慧，更是循循善诱的教育真理，这是为师之基石。"在班主任论坛上，大家都用这句话激发着自己的教育热情，传播着教育的仁心。不高调也不生分，用于此情此景正是恰如其分。在论坛感受里，大家这样说：大爱无疆，师爱无痕，也许只有无痕的教育，才能在孩子的心田里留下最深的痕迹。老师的爱是仁爱，是大爱，是不求回报的付出。

　　我经常说良好的师生关系是最好的德育的理念，几位年轻的班主任亦这样说："夫然，故安其学而亲其师，乐其友而信其道，是以虽离师辅而不反也。"（出自《学记》）

　　良好的师生关系是最好的教育，对此我们在一直说、一直宣传，也在一直坚持。但之前当有人问我"良好的师生关系究竟是什么、你们的成效究竟体现在哪里"时，我时常语塞。但今天，我信心百倍，我无须回答这样的问题，甚至无须采取各种各样的措施来培育良好的师生关系。只要坚定地认为良好的师生关系就是最好的教育，只要坚信老师会把孩子放在心里，良好的师生关系就一定会属于五中，一定会成为我们德育的特色与品牌。从一年一度的班主任论坛中我看到，"良好的师生关系"就是我们老师们心中的那一份记挂，老师始终记挂着我们的孩子。我相信孩子们一定能够"安其学而亲其师，乐其友而信其道，虽离师辅而不反也"。在论坛感受里，班主任们还这样说："老师的一份关心、一个眼神、一抹微笑、一个小礼物、一次谈话等等，都能让孩子感受到爱的味道。只有在平时一点一滴地付出，老师才能真正走进孩子的内心。做出喜欢他的样子，才能让他知道你的爱，才能让他很乐意地接受你的教育。"师生关系的最高境界就是彼此惦记，相亲相爱。"我见青山多妩媚，料想青山见我应如是。"我们应带着学生一起学习、一起活动、一起劳动，真正做到与学生在一起，这样他们才会信任于你。

有位老师引用了哲学家歌德的话："责任是一个人对所做之事的热爱。"我们提出教育者的责任就是爱孩子，从内心深处、心灵底处真的喜欢孩子。责任绝不是对自己的强迫，也不是板着脸用严肃的口吻告诉孩子"我是对你的未来负责任"。有时候责任无须咬牙坚持，对孩子的喜欢之情应是由心底喷薄而出的。责任不是带病坚持工作，责任不是扔下自己的孩子而去热爱别人家的孩子。责任更不是存在牢骚满腹中，一定要提高的孩子的应试分数。在论坛的感想里，班主任们这样说："从许多的优秀班主任身上，自己看到了班主任工作也是其乐无穷的。""好的教育不是铁器的敲打，而是水的载歌载舞，将粗糙的石块打磨成美丽的鹅卵石。""对学生的错误，我们当以给朋友提建议的形式为他指出；对学生来说，错误常常是学习新东西的机会，所以不要害怕学生犯错误，怕的是教师无包容之心，不能抓住机会用正确、恰当的方法对有错的学生给予引导。"每一句来自班主任的心里话，都深深震撼着每一个在场的人的心灵。因为这不仅是说出来的，而是做出来的。

还有许多老师引用名家名言来表达自己的教育理念。车尔尼雪夫斯基说："教师把学生造成什么人，自己就应当是这种人"。冰心曾说："教师的现在，就是学生的将来。"心理学家布鲁纳说："人的灵魂深处都有一个根深蒂固的需要，那就是希望感到自己是一个发现者、研究者和探索者。"斯宾塞在《快乐教育》里说："教育者要有效地教育孩子，就必须做一些教育的准备：要点钻研，要点机智，要点忍耐，还需要自我克制。"

在老师的言谈中，一些璀璨的言辞不时地迸发出来。班主任不能只顾忙于班级管理而忽略了自己的教学，班主任的威望首先来源于自己的教学能力；不要用成人的是非观念判断孩子，孩子处于成长中，虽然会犯这样那样的错误，但是在人格上完全与自己平等，更具有令人憧憬的未来，我们应该有一颗包容心；没有问题就是最大的问题，提出问题比解决问题更重要；在学生偶尔犯错时，教师要动之以情、晓之以理。同时，要及时发现问题，寻找问题背后深层次的原因，尤其是家庭原因；在教育学生的过程中，要多考虑事情发生的来龙去脉，想一想自己在与学生同龄时的行为与想法；正确把握学生行为的性质，分清是故意还是无意的，是恶意还是善意的，要从有利于学生健康发展的角度出发，选择合理的解决问题的方式方法，措施不简单粗暴，不去伤害学生……

最后，一位年轻的班主任说："班主任是一个全方位的系统，班主任工作是一个复杂的系统工程，需要多方面的协作和共同努力。学校的班主任论坛，能让同事们走出校园，倾听同事内心的声音；步入社会，体验教育的鲜活真理。其实，年轻更是优势，能站得高、看得远，也可以离学生很近。"

"考试提示"的细节观察

　　过程性考试的提示，体现的是班主任的考前关怀理念。对于学考、选考和高考的宣传标语、教室黑板的提示语，上级都有明确的规定，不允许考点和学校创新。诸如"相逢在考场，腾飞在四方""严格考试纪律，坚决杜绝作弊""沉着冷静应试，光明磊落赴考""禁止手机带入考场""英语科目开考前15分钟停止入场"等等，黑板提示语是本场考试的科目、总共几页、考试时间。考生们都熟知会背，甚至熟视无睹。

　　然而对于过程性考试，由于没有明确的规定，老师们往往能各显神通，创意纷呈。

　　本次期中考试，我去巡查试场时，发现班主任们的提示语各有创新与侧重。有一位班主任的提示是"沉着冷静，认真答题；超常发挥，相信自己；诚信当刀，再创新高。"意为诚信是一把向内的刀，是对自我的一种严格要求。要刀刃向内，自我检视，自我修行。另外，还有"考试须静，静能生慧。"强调的是考前要安静，心静则从容，由内而外做到专注于考试。

　　巡查中，我看到来自两个班级的有些矛盾的宣传提示。甲班："考试前：整理好考试用品、上好厕所等，提前10分钟入场。考试中：从前到后，先易后难，会做的题一次做对，你很难有时间回头做检查的。答题要规范，时间安排要合理。考试后：对答案没有任何意义，马上投入到下一门课的复习中。"这位老师提示的很到位，最值得让人探讨的是"很难有时间回头做检查的"这句话。这样一句提醒，不知道孩子们会怎么看。

　　乙班的提示也分了考试前、考试中和考试后，并且专门为考试前写了一句话，它特别注意对考试习惯和技巧的培养。"考试前：检查好必备用品，少喝水，静心迎考，静能生慧；考试中：合理安排时间，先易后难，全神贯注，反复检查，字迹清楚，答题规范，要点明确；考试后不对答案，全力投入下一场考试。"这位老师很细心，特别是考试中的提示，分了7点。其中有一点是"反复检查"，与前面一位老师的提示差别很大。

对于考后的检查，究竟该怎样做提示呢？我们肯定无法简单地判定谁对谁错，或谁好谁坏。提示语是写给孩子们看的，不同的孩子看到会有什么不同的看法呢？于是我带着疑问，借着考前的几分钟（此时的交流更真实）和几个孩子进行了交流。

我问孩子们前两次模拟考试是否做了检查，孩子们的回答是：要看学科。语文学科他们往往会检查，数学学科几乎不检查，因为没有时间检查，往往是题还没有答完，考试时间就到了，英语也很少做检查。语文和英语回头检查什么？他们说语文一般会检查客观题，很少检查阅读题，作文会从头到尾再看一遍，查一查语病和错别字。对于检查的效果，孩子们认为效果真的不明显，特别是大型考试，一般都不会改动，因为改动之后正确的很少。而数学题目只要做得流畅，一般是不需要检查的，关键是大型的考试，一般没有时间做检查。对于数学学科提示不检查他们更认可，对于语文和英语学科，他们也同样觉得检查要淡化，答案改动要特别谨慎。

对大型考试，特别是高考，反复检查几乎不可能，要力争一次做对，这样看来，"很少有时间检查"的提示语，更符合实际，也更有新意。其实任何学科只要"考有余力"，大家一定会检查的，只要不浪费时间。反复检查真的无须提示，这一点不是不重要，而是大家都知道。

"准备好考试用品"是很多班主任的共同提示。但要准备哪些用品呢？我随机问了几位同学。所有的孩子都能一一道来，但是他们的答案总各有差异。对于高考考场要带的考试用品，除了文理科所带物品有微小差异之外，大体相同。

其实，高考前老师们都会督促学生做好物品检查，但每年还会有一些孩子，因为考前情绪紧张而忘记带准考证或者身份证。如果考前提示能更明确总共有几样物品，在平时的考试当中就一一落实，养成考前理清物品的良好习惯，对缓解高考前的紧张情绪是会有所帮助的。担心往往源自对事物的未知或者一知半解，对考试所要带物品，我们的提示可以更清晰一点，至少应该让孩子们明确应该带哪几样。大家只要数一数物品是否齐全，也就不担心了。

　　教育是服务，而且这项服务无止境，需要大家一直努力。我想这些考前提示一定能够帮助到孩子们。星云大师说过："人生以服务为目的，帮助别人就是快乐的根本。"

　　愿我们能一路坚持，一路创新，一路开心。

孩子不认真早读，归咎于谁

在校园里、课堂里、食堂里、寝室里走走、看看、说说是我工作里很重要的一部分。这天，我和往常一样走进高二年级的早读课堂。当时早读刚开始，我发现二楼某班学生的精气神不理想，于是我就在这个班里多待了几分钟。以往我会主动找班主任了解情况，今天班主任却主动找我诉苦。说自己已经黔驴技穷了，他真的很羡慕其他班级良好的早读氛围。看着他焦急的样子，我劝他慢慢来，并请他说说在自己班尝试了哪些方法。这位班主任说了几种，如让学生捧起书本读；让学生站在位置上读；他自己监督巡查，而且不断强调要大声朗读。他能想到的方法都已用尽了，可能因为他是一个理科老师，一直以来自己也不爱朗读，孩子们可能慢慢地像他了，早上起来就做题，而不愿意大声读书。听完之后，我觉得这位班主任的心理负担很重，他已经把学生没有好好朗读的原因，很大程度上归因到了自己身上，看来是该好好地和他沟通交流了。

其实整个班级的孩子没有好好朗读，怎么可能是班主任一人之事。于是我和他说，你找几个孩子，我们和他们一起聊聊，共同找找原因，想想办法。

首先，我想了解的是，孩子们对早读课的目标是否清晰？动力是否充沛？以下就是我和孩子的对话："今天早读读什么呀？""地理。""明天早读课读什么呢？""生物。"该班主任告诉我，每天早读课读什么学科，年级组对每个时间段都有明确规定。我没有阻拦他说话，但是他抢了孩子回答问题的机会。于是，我继续问孩子："今天地理学科要求读什么内容，读完之后老师还有什么要求？"孩子告诉我并没有具体规定。既然孩子们读的内容都很空泛，那么对周测、月考的要求就会模糊不清，看来孩子们早读的朗读动力也不是很足。于是我和这个班主任说，他们早读课的任课老师系统还没有畅通。作为班主任，要落实年级组的相关规定，要和任课老师做好充分的沟通交流，建设无障碍的班级教师教学团队，而不能一味地要求学生。

在学生还没有完全形成自主学习、自主安排能力的前提下，早读课不仅要有明确的目标设置，而且要用检测来体现效果。班主任老师平时只觉得自己和任课老师的关系挺好的，但是却不知道任课老师具体怎么做、怎么说，这是不行的。接下来他和任课老师也应该有更多沟通了。学生早读要有目标引领，要有长短期的动力系统，这些任务应该由任课老师共同承担，因为这是学科内部的要求。

接着，我要了解他们班级早读课的标准和激励是否清晰。于是我问他们班早读课合格的标准是什么？是否有什么激励措施？一般来说，他们课堂有课前预习、课中紧跟教师认真听课、课后及时巩固的具体要求。而对于朗读，他们并没有什么具体标准，早读课也没有事先准备要求朗读的内容，另外在课中也有没有什么具体要求。然后我又问他们班谁早读最努力，谁的声音最响亮，谁的坐姿最优美，谁的朗读效果最好，谁是他们班的朗读明星等问题。面对我接连抛出的一个个问题，大家纷纷摇头。看来他们班早读合格的标准还没有设立起来，例如早读不迟到、早读要有清单、坐姿要端正、离书一尺、大胆发声、要有饱满的精气神等合格的标准没有深入到学生的心中。同时，我告诉他们还要树立先进典型，进行表彰激励，给早读课的先进典型写颁奖词，在适当的时候告知家长进行颁奖。这样，有了标准大家才会去遵守，有了激励大家才会去努力。我想这位班主任应该有了清晰的想法，他知道了应该去做的事情还有更多。

要培养激发出学生的内在动力。学习的内动力培养是一个系统问题，操作起来确实不简单，但是我们能做的一定要先做起来。接下去我让孩子们说说朗读究竟有什么好处？如果现在这种情况持续下去会对他们产生怎样的影响？孩子们七嘴八舌地说了起来，我也趁机把他们说的一一罗列了出来：好处有 10 条，影响有 6 条。我跟他们商量能否把这些内容做成提示牌挂在班级醒目的位置，大家知道这会激励他们上好早读课，觉得十分有必要，也很有意思，便一致同意了。孩子们说的内容，有些真的是老师们没想到的，如不会打瞌睡，提高人的自信，给老师良好的印象……

一是大声朗读的好处 10 条：

（1）有助记忆，效率更高；

（2）不打瞌睡，提高精气神；

（3）营造良好的氛围，带动同伴共同学习；

（4）提高自信，不自信者不敢大声朗读；

（5）增强语感，有助于做好题；

（6）让思维更活跃；

（7）改变自己懒惰胆小的坏习惯；

（8）有助于流利表达，即兴演讲；

（9）给老师良好的印象；

（10）增强肺活量，促进血液循环。

二是早读不出声的影响 6 条：

（1）容易犯困，影响一天；

（2）容易自闭，影响一生；

（3）长此以往，厌恶朗读、厌恶学习；

（4）语言表达能力变弱，大场合怯于表达；

（5）失去自信，影响身体健康；

（6）不利于良好班风建设。

后来，我和这位班主任再次进行交流，表面上看起来早读出声不高，精气神不够，是学生的问题，实际上是学习的系统出现了问题：有任课老师的执行问题，班级教师团队的建设问题，学生的自我学习能力提高问题，学生学习内在动力激发的问题，班主任的示范引领问题。如果单一找原因、找解决方法，很难有全面持久的效果。要从源头找到问题，明确目标，也就找到了得当的解决方法。

　　一日之计在于晨，我相信早读课堂如果目标清晰、动力充沛、系统流畅，孩子们一定会越来越有精气神，他们的早读一定是幸福的。

感恩节致同事们的一封信

亲爱的同事们：

11月28日，如此平常的一天，我还是像往常一样5：30起床，6点多到学校巡查各个班级。看了朋友圈才知道今天是感恩节，我不想去考证感恩节从何而来，仅仅"感恩"二字便深深撼动了我。我们的确应该懂得感恩，感恩天地养育了生灵，感恩芸芸众生之间的自然相遇。

在这200亩的校园，每3年一轮，会有2000人在这里相遇。在这1800多天里，大家相遇、相识、相知。感恩有思想、有活力、有斗志的孩子们，是你们促使教师严格要求自己、不断提升自我；感恩敬业奉献、团结向上的老师们，是大家成就了学校的发展。从老校区到新校区，从省级特色示范高中到浙江师范大学兰溪附中，学校有了跨越式发展。

作为校长，我要感恩所有的人：亲爱的孩子们，可敬的老师们，以及默默支持学校的家长们，谢谢你们让学校的发展有了质的飞跃，相信在五中这条逐梦路上，你们可以走得更远，笑得更灿烂；也感谢社会各界对五中的信任和支持，有了你们，五中人将不忘初心，奋勇前行。

最后，我希望在今天这样一个充满温情的日子里，所有同事都给彼此一个深深的、甜甜的微笑，大家一起拍个照；所有人都能给家人发个微信、打个电话，大家一起感恩那些曾经无私帮助过我们的人，感恩给予我们生命的人。

你们的同事：方君强

2019年11月28日

给行政老师的一封信

亲爱的各位同事：

我们天天关注疫情，在坚决执行国家的相关规定的同时，我们还一定要做到有效、有益，不恐慌、不麻木，更不能被动等待。

我们知道：疫情带给教育，带给学校，带给高一、高二年级，带给高考的不利影响是一样的，关键是看下一步谁能够做得更好，恢复得更快。在接下去的日子里，能够超越同行才是最为关键的。

身体第一、教学第一、效率第一、课堂第一、教师第一，而这一切都要成就高考第一、质量第一。

为了第一，大家需要记住：一定要快！只要疫情一过去，就要立刻行动。我们不能成为反应最慢的那批人，甚至不能等到疫情完全结束，现在就要行动起来。这个时候，大事、难事都要讲担当、讲使命、讲人人擦掌和个个上阵！

现在我们能做的有以下几点：

一是凡事预则立，不预则废。现在，各位同事要想好我们的计划。从3月1日开始，先安排15周的工作计划，每周的重点工作就是如何为教育、教学的质量服务，我们要紧紧围绕目标，做到全校一盘棋。在20日之前，各处室要做好安排，要把今年的特殊情况考虑进去。

二是行政和教师的角色都要做好。在疫情来临时，我们的责任会更重。近两周，大家要做好线上的教学工作，也请大家抓紧时间做好3月、4月这两个月正常的教学备课工作，为开学后有更高的教学效率，也为开学后能做好服务工作腾出更多的时间。

三是抓住时机多学习、多思考。在这段安静的居家时间里，我们要进行自我思考并写下来。如果思考无法透彻深入，那就静下来多阅读，一定会有很好的收获。

四是希望能收到大家的回信。团队的力量才是永恒的力量，集体的智慧才是最接近真实的智慧。在此，我也请求各位同事近两天能给我一些书面的建议，以有利于疫情之后学校整体工作的推进和安排。

祝大家宅家安康，教学有方！

方君强

2020 年 2 月 15 日

教师的教师节

教师节，顾名思义就是教师的节日，在这个节日里，当老师的不能打扰别人太多，不当老师的也不应参与太多。如果你不是老师却想参与，就要想一想你会不会打扰到学校、打扰到老师、干扰到教学。最主要的是要想一想，你想参与其中是为了老师还是为了自己，或是为了自己的孩子。所以，商家别把教师节当成进校园的理由，家长也别把教师节当成送礼日。教师节是老师们自己的干净纯粹的节日，一个清白、开心而又幸福的老师，一定是得到学生尊重的老师，教师节的意义也在于此吧！

今年的教师节，学校没有组织集体活动，没有搞颁奖典礼，只定了个主题：教师节那天，和自己最要好的同事，用规定的工会活动经费，做自己最喜欢的事情，过最快乐的半天（原因是另外半天还要上课）。我们把时间还给了老师，把空间留给了老师，让老师们做自己最喜欢的事儿，让老师和自己最喜欢的同事在一起，过最快乐的节日。这是一次新的尝试，教师节过后，我迫不及待地和几位老师聊了聊天。

一、政治组的老师考察了农贸市场

政治组的老教师跟我说，当学校把时间和空间都给了大家的时候，他们就在想：作为政治老师，在教师节这么有意义的"半天"里，该留点儿什么纪念呢？最后大家确定了考察的主题——常态化疫情防控下国内大循环、国内国际双循环经济发展模式之当地经济发展状况的调查。大家选择到离学校最近的农贸市场与商家进行交流；到开发区观察企业，观察人流；到小店吃饭时也没有放过和老板交流的机会，沟通了生意怎么样、疫情带来了怎样的影响、对未来是否有信心等。最后，组内的年轻教师做了个简单的小报告供课堂使用。我认为他们的这次考察一定能在课堂上引发孩子们的思考。在半天的教师节活动中，政治老师们虽然走出了校门，却没有离开课堂，更没有离开他们所任教的专业。他们的开心在于有了满满的收获感，开心在于心能自由驰骋。

二、一楼高三办公室老师们登高望远

一楼的高三办公室共有 9 位老师，因为课务的原因，大家共同的课余时间很少。这个教师节，当他们中的最后一位老师上完上午的课时，已经 11 点了，人员汇齐后，他们选择了前往学校附近的横山登高望远。它可是一座美好的山，曾在郁达夫的笔下尽显江南秀丽。一路上大家说到关于孩子、关于师生关系话题时总是滔滔不绝。一位年轻的女教师说，她班上的一个小男孩儿腼腆地朝她一笑，给她送上了节日的祝福。在给她的卡片上，这个孩子写上了很大很大的字：教师节快乐——致最可爱的某某老师。当这位老师说到"很大很大的字"时，大家感觉她快乐得心都要跳出胸膛了。技术老师说他收到了三维贺卡，这可是他们技术学科的专业知识运用的成果；信息技术老师收到了只写着程序的贺卡，只有打开程序、进入网站后才能看到孩子们的祝福。大家边走边聊，谈的都是孩子，说的都是幸福。他们共享了良好而和谐的师生关系，同时也深化了良好的共同进取的同事关系。虽是简单的登高望远，伴随着一路的开心畅谈，却让大家心情舒畅，也让同事之间的沟通更顺畅了。登山这件事儿很平常，但在教师节这一天和大家一起来登山，感觉就不平常了。

三、资深的教研组长公园聊天

潜心研究，静心教学。在教师节这一天，学校二位资深的教研组长也有着与众不同的选择。潜心与静心是一种习惯，更是一种素养。一颗浮躁的

心需要久久的历练才能变得安静，相反，一个安静的人也能在热闹中保持平和、在浮躁中保持独立。她们选择了到中洲公园走走，因为那里很安静，可以坐在兰江边的亭子里聊聊天、谈谈心。聊什么呢？因为本身就是好朋友，所以关于孩子、家庭、生活，以及各种家长里短啊，她们都聊到了；她们也聊了学校、同事、学生，还聊了好多关于教研组的事儿，事后想想，学校不是让大家放松的吗？让大家做自己的事情吗？怎么又没有离开工作呢？可再仔细想想，工作不就是我们生活的一部分吗？"偷"着公家的时间聊工作，着实可爱，却也是真的放松啊！为什么会如此放松呢？可能这是一个属于自己的节日吧，这一天的天气也特别好。过了好多个教师节，对她们来说，这个教师节她们很开心、自由，记忆也极其深刻。

四、四位新老师成了自己的主角

在学校组织的大型教师节活动中，刚刚入职的新教师往往会成为配角。但今年学校刚入职的几位新教师却成了活动的主角。在学校团委的统一组织下，他们也都收到了来自学生的祝福，有漫画、贺卡、小吃、零食等。这是他们的第一个教师节，所以兴奋得很，也有好多话想说。于是相约去一个环境优雅的地方吃晚饭。同龄的年轻人本身就有好多共同的话题，恰逢第一个教师节，大家似乎忘了吃，聊得热火朝天。说了许许多多学生的事儿，买单时他们才发现，这次吃饭的费用很少，于是又相约去超市逛了逛，感觉特别自由、轻松、惬意。

还有许多老师，我没来得及跟他们一起详聊，但我知道幸福可以分享，也可以偷着乐，希望同事们节日都快乐。

教师节就是属于教师的。安安静静过教师节，少去打扰别人，也不希望被太多人打扰；开开心心过教师节，三五成群，约上最好的同事，爬爬山、聊聊天、说说话，最好还能上点儿小菜、喝点儿小酒。忽想起论语《侍坐》中的语句，子曰："暮春者，春服既成，冠者五六人，童子六七人，浴乎沂，风乎舞雩，咏而归。"夫子喟然叹曰："吾与点也！"

老师们，请享受辛苦

当老师很辛苦，尤其今年更是特别苦。疫情来临时，老师都成了"主播"，对于网上教学，他们从不知到知，从知到熟练，再到熟练后更加认真地教学。后来全体学生回到学校进行了检测，可检测的结果却让老师心里更苦。

于是，全体老师又共同商议怎样从线下对线上教学进行补充。如此折腾来折腾去，许多老师真的感觉很辛苦。但是，创新教学哪有不辛苦的？回首往日老师们发现，原来自己不熟悉的线上教学，如今已经成了家常便饭。掌握了这些孩子们非常熟悉的信息技术，让自己和孩子的距离拉近了。网上教学落实不足的部分，通过线下教学的补充也得到了很好落实。虽然一个知识点忙了两次、苦了两次，但最终孩子们掌握了，老师还是很开心的。疫情期间，忙于线上教学的老师很辛苦。但同一期间，很多人却在忙着折腾百家菜谱，坚持不让自己空下来，因为空下来不是辛苦而是痛苦，甚至是百无聊赖；疫情过后，复工复产，许多人享受着上班的辛苦，这时候的辛苦是幸福的。开学后，许多老师都表示"还是上班好"。

有些老师开玩笑说自己"起得比鸡早，睡得比狗晚"，坚持了几十年，现在是真的想好好保持这个作息习惯了。有人天天告诉自己身体最重要，到头来自己对身体却并不怎么满意；许多人告诉自己要好好生活，努力工作，到头来他的生活和工作同样平淡无奇；也有人说，"一息尚存，全力工作"，他们会享受自己生活与工作的每个过程。职场的"59岁现象"，其实是内心最大的辛苦的写照；在退休的前两年，也有老师会要求减少工作量，他们很难享受临休时间的工作，只能挨到退休。我的一位好同事、好老师，退休前几年一直坚持在高三教学的一线，他告诉我他喜欢和孩子们在一起，喜欢同备课组内的老师一起工作，他享受每一节课的辛苦，享受每一天的备课批改。他还说自己已经带了19届高三了，如果有机会一定要带到第二十届高三。后来，他如愿以偿地带了第二十届高三，他很努力，也很辛苦，但是所有的同事天天都能看到他洋溢的笑脸。享受辛苦，就是他幸福一辈子的真谛。

当老师很辛苦，这点我也深有体会。工作25年了，除了结婚前的一个学期没有当班主任，其他时间我都在当班主任、中层干部和学校领导。在工作中，我一直努力做老师的示范，事事走在前面。有人问我天天早出晚归累不累？也有人问我在工作中投入这么多时间，孩子怎么办呢？说真的，对孩子的教育我没有刻意去安排，孩子喜欢了我也满意。在每天满满的工作中，我真的没有感觉到累，每天走进学校，走到老师办公室，和老师们聊学生、聊课程、聊教法，我会很开心；每次走进教室，看到幸福可爱的孩子们，我很享受。享受当下，享受工作，享受辛苦。我曾经听同事们讲了一位深受师生爱戴的退休老校长的一件趣事。这位老校长一直默默工作到退休，深得师生认同，他的家离学校不远。退休后，他照样起得很早，接着会到菜市场买菜。买好菜后，他会不知不觉地朝学校走去，一直走到校门口才会发现自己走错了方向，但他会远远地站在那里看看上班的老师们和上学的学生们，然后开心地回家。其实辛苦会上瘾，辛苦会成为习惯，这种习惯会永存于人的记忆里。

辛苦就像播种，一分耕耘就会有一分收获。表面上看，辛苦像是吃亏了，像是在为别人而做，其实辛苦是为自己，因为一切的辛苦都不会白费，当沉浸于辛苦中，你就会享受人生。别人让你辛苦，他人因你的辛苦而获得了健康与快乐，难道不也是你的收获和享受吗？

什么样的人生有价值呢？应该是能够享受辛苦的人生，所以享受辛苦应该成为我们的价值观。

唯有把握考试尺度，方能实现师生共赢

对过程性考试，老师完全可以更自主一点儿：老师能自主，学生才能更自主；老师能自主，属于学生的空间才会更宽广。别把每一次考试都当成高考，没有人愿意天天参加高考；别把每一次考试都当成测量学生水平的工具，没有人愿意天天被放在秤上称、火上烤。考试应该有更多的功能，可以让学生哭，也可以让学生笑；通过考试，老师可以走进学生的心里，并能很好地运用激励机制来帮助学生。

新东方创始人俞敏洪在回母校北大演讲时，曾回忆起自己的老师罗经国教授所说的话："我可以给你一个及格的分数，但是请你记住了，未来你一定要做出值得我给你分数的事业。"俞敏洪评价说，是老师的宽容、学识、奔放、自由，让我们能够真正成为北大的学生，能够真正感受到北大精神。

此时，许多老师会说："我的学生可不是北大的学生，更不是俞敏洪，我也不是北大的老师。"但我想问的是，30 年前你知道俞敏洪吗？ 30 年前的罗老师知道 30 年后的新东方创始人是俞敏洪吗？ 他们其实就是普通的师生关系，正因为一个普通的老师掌握了考试的尺度，在老师特有的尺度里，学生才能坚持着自己的坚持。之所以罗经国教授和俞敏洪的师生关系能够成为一段佳话，正是因为罗经国教授在考试中坚持了自己的尺度。

平日里，我会听到个别老师感慨："教的学生一届不如一届了。我真的无能为力了。某某同学一个人就能把班级的平均分给拉低一分。"虽然说者寥寥几语，但应者却并不少。学校的高考成绩每年在进步，为什么老师却感觉学生一届不如一届了呢？ 那是因为我们的要求过高。回忆总是美好的，已经毕业的优秀学生总会给我们留下美好的记忆，我们对他们的记忆较为深刻的还是高考成绩。3 年前那届学生每次考试的过程，老师们基本忘了，能给老师留下深刻印象的，或许只是几个冒尖的学生。用几个冒尖的学生代替了今天的大众，老师一定会觉得一届不如一届了。老师对学生的期望过高，对自己的要求也过高，老师对每一届学生都秉持着固定的考试尺度。如果把每一次考试都当成高考，老师哪有不伤心的呢？

面对不同的学生，老师应该把考试的尺度掌握在自己的手中。如果任何一次过程性考试，老师都用高考的标尺一量到底，可能到高考时孩子们也都适应了，高考也不太会让你失望。但是那么多次的过程性考试是一定会让你、也会让孩子失望的。哪有高一的学生就能达到高考水平的呢？即使有也是少数。更何况，在平时的考试中，老师们会更多地关注比较落后的学生，因为这些孩子会影响班级的平均分。一个优秀的孩子无论怎样都不可能把班级的平均分提高一分；但是一个落后的孩子把班级平均分降低一分却是常有的事。用孩子们的话来说，老师也是只关注自己的成绩。在过程性考试中经常出现的情况是：老师对学情了解不够，经常凭经验命题；老师自以为试题容易了，实际学生考得并不理想；学生怕考试，老师怕命题；学生怕考后总结，老师怕考后分析；老师讲课慢不了，教学进度快不了，最后弄得老师和学生都身心俱疲。

如果老师可以把过程性考试的尺度掌握在自己的手中，了解好学情、制订好目标、循序渐进地做好考试安排，那么过程性考试一定能够给老师和学生带来幸福感和获得感。谁说只要有考试就不幸福呢？不是每次考试都有人欢乐吗？欢乐在于学习目标的达成，欢乐于自己获得了比较好的分数。大家也知道，并不是考了最高分的那个人才是最开心的，只要达成了自己的目标，孩子和老师都会开心。

一定要为过程性考试设定好尺度，这对老师和孩子都很重要。一个适当的难度系数，对考试很重要；命题之前对学情的充分了解，对考试很重要；精准的命题要求和规划，对考试同样很重要。让考试有目标、有尺度，是通过考试获得成就感和幸福感的前提。

记得有一次化学周测，班里有几个孩子得了满分，有个别老师说这样的周测对这几个孩子来说毫无意义，因为这次周测没有反馈出他们的知识薄弱点。事实真的是这样吗？当我找到孩子们了解情况时，没有学生认为这次周测浪费了他们的时间，他们只是想不到自己在高中也能考 100 分，他们说得最多的一句话是"其实我们也蛮开心的"。谁说每一次考试对每一个孩子都必须具有检测功能呢？除了检测之外，考试还可以有更多的功能。后来，我发现这几位孩子的化学成绩持续地在提升，他们告诉我说，正是因为有了满分的经历，所以自己会老想着努力考满分。虽然后来再没有考过满分，但是他们也都考了高分。

只要老师掌握好过程性考试的尺度，就会给学生留下一些深刻的记忆，它有百利而无一害。

在考试中，老师有办法让考试变成"宝"；只有老师了解学情、了解命题的根本，分数对学生来说才是最重要的。

疫情里，逆行的老师们

在疫情发生的日子里，老师们逆行在家长和孩子的感动里。

2月14日，班主任江崇飞老师感动得热泪盈眶。江老师是兰溪西向厚仁人，到北向香溪、官塘给学生送书，这些路他不是很熟悉，越是不熟悉的路越让人觉得很遥远。

那天雨很大、路很滑，他一个人辗转多地给居家的学生送书。下午4点多，他开车来到学生董圆圆家村口的时候，已经很是疲惫，也有些饿了。正月里的人们还不太适应长途奔波。车窗外的大雨下个不停，因为找不到去董圆圆家的路，江老师就在村口给她打电话。当董圆圆撑着雨伞来到车旁的时候，她那份开心和热情深深感动了江老师。孩子清澈的眼眸里没有疫情的焦虑和恐惧，师生之间相见动容。

心有灵犀般，圆圆递过来一袋饼干。饼干有6种口味，那个时候他真的很饿，这袋饼干可谓是"及时雨"。这个孩子想得很周到，还给了他一瓶牛奶。看着她回去的背影，回想着她真诚邀请自己去她家里吃饭的情形，还有她留下的牛奶和饼干，江老师被深深感动了。后来他和我说，谁说孩子不懂事呢，其实我也只做了自己该做的事情，真的很感谢孩子，真的想他们了。

疫情期间，老师逆行的道路上，感动一幕接一幕地发生。2月15日下午，冬天的雨并没有因为老师温暖的心和坚定的步伐而停止，各位班主任和老师志愿者们带上雨伞，披上雨衣，戴着口罩，行进在茫茫的雨海中挨家给学生们送书，他们只想着能够尽快地把书送到孩子们手上，真的没有考虑其他。当一部分老师志愿者把书送到家长手上的时候，很多家长主动掏出了10

元的邮政费。老师们说自己不是快递员，送书只是为了方便孩子学习，这钱坚决不能收。家长们让老师等等，要去拿点儿吃的给老师的时候，老师们已经消失在茫茫雨海中，他们还要赶到下一户学生家。

这不是故事，这是生活的真实；这里没有渲染，只有真实的行走。

晚上许多老师在微信群中转发了赵欣雨妈妈的朋友圈：风雨交加都阻止不了兰五中老师送课本的脚步，孩子还有什么理由不好好读书呢？

我知道老师没有渴求，感谢为疲惫的老师送上饼干的孩子，感谢赵欣雨妈妈为所有老师的逆行点赞。只要家校同心，哪有不能战胜的疫情呢！

第五篇

强强小茶馆

浅读大开脑洞的《银河补习班》台词

《银河补习班》在全国的上映，让兰溪人自豪，也让兰溪人骄傲。自豪的是兰溪的文化底色，骄傲的是兰溪人的自强精神。影片中大开脑洞的台词，让我们想得更明白，做得更坚持。

台词一

我爸爸总说，只要脑子一直想，一直想，你就可以干这个地球上所有的事情。慢慢地，我们成长了，成人了，甚至成功了，妈妈的唠叨，爸爸的嘱托，似乎已成为久远的事儿了。也许你会说，我的爸爸妈妈就是这么平常，一辈子都是这么平常。你没有说过这句话？其实话里话外，你都在赞扬你的爸爸妈妈，坚定地、持之以恒地做好自己。他们没有错，甚至也不犯错，这就是你的父母。特别是工作以后，回家了，爸爸妈妈说的话更少了，他们总以自己的孩子为荣耀，看到孩子拥有的都是满满的微笑。其实这是一种信任，信任我们能做很多很多的事儿，信任我们能做很好很好的事儿。爸爸妈妈虽然没说，但只要一直想，一直想，就能干完地球上所有的事儿，而且爸爸妈妈一定相信我们能干很多很多的事儿，特别是为单位服务的事儿，为地方服务的事儿，甚至是在新时代为人民服务完成中国梦的事儿。

台词二

把自己的桥修好，是世界上最大的事儿。把门口的路铺好，是世界上最大的事儿；把自家阳台下的路灯修好，也是世界上最大的事儿。世界上没有大事儿，世界上也没有小事儿，只需人人做好当下的事儿。1921 年 7 月 23 日，有个总共 13 个人参加的会议在上海召开，后来碰到点小问题转移到嘉兴南湖，中间还有两个人请了假，实际出席会议的只有 11 个人。谁能想到这就是中共一大，这是多么平常的事儿，又是多么伟大的事儿；1935 年 10 月，中国工农红军翻过六盘山。毛泽东在《清平乐·六盘山》写道："天高云淡，望断南飞雁。不到长城非好汉，屈指行程二万。六盘山上高峰，红旗漫卷西风。今日长缨在手，何时缚住苍龙？"六盘山 2928 米的主峰，不算高，500 米的羊肠小道也不算难。它是红军到陕北的最后一座山。这件事儿有多大，这件事儿有多平常：大的是天高云淡，好汉二万，缚住苍龙；平常的是屈指行程，长缨在手。过好每一天，做好当下的事儿，一天天就是一年年，一年年就是一辈子，一辈子接着一辈子就有了中华民族的伟大复兴和人民幸福。做好自己的事儿，不把麻烦留给别人，就是世界上最大的事儿。

台词三

如果你身处黑暗，还想要照亮别人，那你算是长大了。孟子曰：穷则独善其身，达者兼济天下。不得志的时候，要管好自己的道德修养以示范他人；得志的时候，要让普天下人受益。现代诗人顾城说：黑夜给了我黑色的眼睛，我却用它寻找光明。没有黑暗，哪有光明？其实黑暗能衬托光明，能让明亮的脸更亮。只要你身处黑暗时，还能意志坚定，胸怀宽广，笑容满面，又怎能不长大？

台词四

这世界上有很多事情是我们控制不了的，但我们可以控制的是我们自己。控制了自己，其实你就拥有了世界。你是世界，你有你的世界；世界是你，世界有完全不一样的个体，其实万物一体。围魏救赵是方法，曲线救国是方法，能屈能伸是方法，山不过来，我就过去，照样是山高人为峰。有人说谁谁谁领导不好，说的一套，做的一套，知行不一。可当他自己开始给员工或下属布置工作时，说的也是这样的话，做的也是这样的事儿，这其实并没什么不对。这不是你无法控制局面，而是你没有控制好自己，没有控制好自己那颗躁动的心。有人说，我必须按照规矩去办事儿，我无法控制；有人说，我必须按照领导的意图做事儿，我无法控制；也有人说，我无法办事儿，因为老百姓我不能得罪。但是你仔细想想，规矩有什么不好，真正完全不把老百姓的利益放在心里的领导又有多少？老百姓不认可而正确的事儿又有多少？细细想想，其实许多时候都是我们自己的欲望太强罢了。

台词五

人生就像射箭，梦想就像箭靶子，连箭靶子都找不到在哪，你每天拉弓有什么用？人要低头走路，更要抬头看天，这叫仰望星空。夜空中有梦，星空中有梦想，我为人民谋幸福，我为民族谋复兴，我能行吗？我不行吗？如果人人都说不行，又有谁能行，谁能做？如果人人都说我行，最后哪有完不成的梦。我是谁，为了谁？作为新时代、新征程中的一员，我们都应该有这个想法和胆略。也许你说你很忙，忙得像一个陀螺，忙得完全没有时间思考，忙得没有时间去做具体工作：一年要开几百个会，白天开、晚上开，周六开、周日开，节假日还要开，开完会之后，任务一个接一个地布置，一个接一个地落实。或许每一次会议之后，你应该更多地想想，这种会议有意义吗？其实会议的意义不在会议本身，而在开会的人的具体落实和想法。你可以忙，可以每天都拉着满满的弓，但是我们一定要有箭靶子。身处教育事业中，我深深知道，箭靶子在学生的心里、在家长的心里；身处社会，我知道箭靶子在老百姓的心里；身处新时代，我知道箭靶子在新时代的里程里。

最后，还是以一句台词作为总结：真正的人生难题，不会像考卷那样，会自动跳出选项供你选择，有且只有一种标准答案，而是会有很多的岔路在等着你。或许只有这样的人生考题，才能真正体现我们的智慧，才需要我们在新时代的浪潮里，用新思想武装自己。想得明白，方能干得轻松，然后才能做到有始有终。

地震很远　防震很近

——汶川访问记

法国著名哲学家卢梭说："自然的景色的生命是存在于人的心中的，要理解它就需要对它有所感受。孩子看到了各种景物，但是他不能看出联系那些景物的关系，他不能理解他们优美的谐和，要能感受到所有这些感觉综合起来的印象，就需要有一种他迄今还没有取得的经验，就需要有一些他迄今还没有感受过的情感。"在《爱弥儿》里，卢梭用这些话来告诫我们的老师，要好好地理解儿童的认知规律。其实，迄今为止成人还没有这方面的经验。现实又何尝不是如此呢？

第一次走进震后的汶川，看到地震后山山水水所遭受的创伤，我禁不住拍了几张图，发了个朋友圈。不一会儿就收到一连串的点赞，也有人评论说，汶川的山好宏伟，景色真美。第二天，我把几张同样的照片拿给同行的同事看，问他看见了什么？他回答说，他看到的不是美丽的风景，而是地震之后的伤痕。走进汶川，感受地震，思考避灾，令人颇有感触。

没走进汶川之前，我并不了解地震。在映秀镇的地震博物馆，讲解员告诉我，汶川地震相当于256颗原子弹同时爆炸，如果没有走进汶川，没看到地震留下的这些痕迹，就算别人讲10000遍，我也无法感同身受。因为1颗原子弹爆炸的威力我都不知道，面对256颗同样也是茫然。我一直对地震异常惊恐，但当面对地震亲历者的滔滔讲解时，我有了不同的认知。地震中，汶川中学2000多师生无一人伤亡，被评为全国英雄模范集体。当我们再看矗立完好的1~5楼教学楼连廊和卫生间时，我们就知道，虽然所有孩子都受到了地震的惊吓，但是这些房子却很好地保护了孩子的生命安全。据讲解员介绍，在地震两分钟之内，一、二楼的孩子全部撤出了教室来到了操场；楼上的孩子来不及撤出，在老师的带领下躲进了连廊和卫生间；在实验楼，还有两个班级在上实验课，地震来临时，老师就引导学生撤离，直到实验楼倒塌的最后一刻，教室里只剩了他和最后一个学生。我们知道任何一个生命都不应该逝去，但是只要勇敢地面对灾难，我们就能用精神让自己的生命长存。当我们看着实验楼和教学楼依然挺立的时候，我们知道，房子并不是会完全碎片化地倒塌。看到那些裸露的钢筋，我们就知道这些房子有很强的抗震能力。面对地震，理智的思考会给自己和他人留下更多的空间。

如果不是看到了羌寨倒下的房子，我还真的不了解泥石流。地震时一定伴随着天昏地暗，也会伴随着大雨。面对持续的降雨，蓬松的岩石和泥土将会怎样呢？当年的泥石流，我并没有特别的感受。地震11年之后的2019年8月20日，被泥石流冲垮的高速公路和国道已经修复，这时我看到羌寨的房子仍在泥石流里，房子还是房子，但是屋顶却不再是屋顶。泥石流中滚落的石头有房子那么大，这不是泥沙俱下，而是泥石流会让整个村子的地基移动，真的是地动山摇。

如果不走进汶川中学，我还真的不太了解震后的学校，不了解余震有多危险。汶川最高震级是里氏8.0，地震中心在映秀镇。越在震中的老百姓，这些信息知道的就越迟，他们知道地震了很危险，震中特别危险，而且余震不断。汶川城的孩子怎么样了，学校怎么样了？看到国道省道统统坍塌，电话电报一概不通，而听到的情况就更严重了，此时孩子还在汶川，家长怎么会安心待在家里呢，于是十几个家长从周边的县市往汶川赶，几十千米的路走了几天几夜，最后能够赶到学校的只有几个，其他人永远都没有回家，他们永远地倒在了余震的路上。所以，学校说地震很可怕，余震最可怕。在映秀镇的地震遗址上，讲解员告诉我们，许多房子是在余震中坍塌下来的，楼层之间原本还有1米多的距离可供抢救，余震一来，原本的楼层细缝就完全被合上了，合上的是希望，是生的大门。

通过和老师的交流，我了解到，自救是等待救援的最好方式。当所有的房子都不能用时，晚上睡觉怎么办？学校组织老师帮助学生抢被子，3个人为1组，1人看、1人接、1人抢，全力预防余震，绝不能造成再次伤害。学生用水怎么办？校内池塘的水被反复使用。学生喝的水怎么办？有限存储的水被限制使用。学校老师告诉我们，在地震后的 1 周内，全体师生每天每餐只能提供半碗稀饭。怎么样预防堰塞湖？怎么样让全体学生转移？面对即将到来的高考，怎么样让学生稳定？很多问题急待解决。

地震后最大的困难是什么呢？有余震、无水无电、疫情、无房住、无食物吃、失去亲人、继续上课、下雨、泥石流、堰塞湖等等。如今，所有的灾难都已挺过去了，汶川中学的师生铭记着历史，打磨着现在，雕刻着未来。

地震似乎很远，但防震很近。

隔壁老李

　　因为我们两家阳台上的花圃紧挨着，我和隔壁老李就熟悉了。老李当过厂长，70多岁了，喜欢种花。

　　今年的春天和往年的春天没有差别，还是那样气候宜人、风调雨顺。在春天里，阳台上的花啊、草啊长势喜人，非常旺盛。到了初夏，天天都能欣赏它们妖娆的姿态、旺盛的生命力。除了偶尔拔草除虫，你不必多想，也不必多做，只要静静地欣赏、慢慢地关注即可。我认为，是环境滋润万物，万物颐养了我们的心情。

　　老李说，其实我们也无须事事放在心里，天下万物，有心为善，虽善不赏，也乃常事。老李还说，花啊、草啊就像孩子一样，环境适宜，你就随它长就好了，不要老管着、盯着。当父母的也一样，不要老跟孩子说自己多么辛苦，其实负重前行、内心快乐，就是静静修行。

　　转眼过了初夏，进入暑假。今年的暑假跟往年的暑假没有差别，天气还是那么热。给阳台上的花草浇水是每天的必修课。其实和隔壁老李能碰到一起的时候还真不多，大家各浇各的水，各看各的花。一周过去了，三周过去了，转眼一个月也过去了。有一天，我看了看老李家阳台上的花圃，转过头和老婆说，老李家的蔬菜长势怎么那么好呀，而我家的蔬菜，经历了前段时间连续下雨，近段时间连续干旱后，早已经干瘪了；再看看其他的花草，我傻眼了，顿时觉得自己家的每一棵树都不如老李家的。我想我也是很认真的呀，每天早上起来浇水，傍晚太阳下山了还浇水。就那么几周，差距怎么会如此之大呢？我不得不钦佩隔壁老李，于是我等待着老李来浇水，想和他聊聊天。

　　等到老李后，我向他表达了我的仰慕之情，并向他取经。老李谦虚地说："哪里，哪里，你家那些树长得比我家的好，特别是你家那几棵三角梅，真的比我家的好很多；还有那两棵大的铁树长得也越来越漂亮了。"被老李这么一说，我回过头来一看，真的是这么回事儿。但是我再看看其他花花草草，又不是很满意了，特别是黄瓜、冬瓜、辣椒、茄子之类的。

于是我问老李，他的蔬菜怎么种得这么好，他说他只是按时浇浇水、施施肥、遮遮阴罢了，不过水要慢慢浇，要浇透。我相信老李讲的是真的，他并没有什么灵丹妙药，但事实是，我的蔬菜一天天瘪了，而老李的蔬菜却在老李的呵护下长势一天天越来越好了，为什么呢？

我回想起自己浇水的情形，虽然都定时去浇，但我用的是喷洒的水枪，急急忙忙把所有的树和地弄湿了就算完成了。我没有给蔬菜施肥，更没有给蔬菜遮阴，在太阳炙热的烧烤下，遮阴不是更重要吗？如果叶子被烤焦了，浇再多的水也无济于事。需要遮阴时，你得遮阴；需要施肥时，你得施肥；需要慢慢浇水时，你就得慢慢浇水。表面上看来，我们都在浇水，但是在浇水上下的功夫真是天差地别，我和老李相比，早已失之毫厘、谬以千里了。

老李知道我是老师，也常常和我讲讲孩子的事儿。回想起自己平时和部分家长的交流，许多家长总以为自己的孩子没有别人的孩子那么努力、那么出色，甚至孩子做错一件事儿就对孩子全盘否定。其实，在自家的苗圃中，总有比隔壁的苗圃长得更出色的三角梅，长得更旺盛的大铁树。不是没有，而是你没看到。

也有许多家长总说自己很努力了，为什么自己的孩子总不如人家的孩子出色呢？其实我也很努力了，为什么我的蔬菜都瘪了呢？在浇水的时候，要慢慢地浇，浇透彻，暴风雨会带来水土流失；在生长的过程中，要施肥；在有太阳的时候，要遮阴。看上去我和隔壁老李一样努力，但其实表面的努力下却是完全不同的关心和照顾，时间一久，花圃不一样也就不足为奇了。其实，对孩子的教育也是一样。

还有家长说谁谁家的孩子，爸爸妈妈基本上不管，成绩却非常出色。对呀，这不正是苗圃里面的三角梅吗？夏天只要有水就好；这不正是苗圃里的大铁树嘛？它甚至没水也能好。可是家长们，这不正是基因和遗传的力量吗？

去年，隔壁老李搬走了。

减负之且思且行

减负我们喊了许多年，但究竟要减的是什么呢？是学生作业过多，在校的时间长，或者是考试的难度、次数与方式？老师的作业减下来了，小学低段甚至连家庭作业都不布置了，但是家长的作业、课外辅导班的作业又加上去了。虽然老师的作业减了，但是实际上学生并没有真正减负。学生在校的时间变化了，下午三四点学校就清校了，但学生又转到老师家里、培训班的教室里，他们真正的放学时间比以前更晚了。就连中高考的难度也在下降，难度系数由原来的 0.5 变成了 0.6，有些学科的难度系数甚至达到了 0.7，于是孩子和家长马上发现，只有高分不行，要比别人更高才行。试卷虽然容易了，但必须在细节上下功夫，于是，学生的处境更难了。有人批评一考定终身不合理，所以高考就由一次变成两次，事实上大家也发现了，减负还没有被真正落到实处。

究竟怎样才能减负呢？大家把关注点都集中在中考、高考上面，有人说高考是万恶之源，马上就会有许多人站出来说，只有高考才是最公平的选拔方式，于是减负慢慢地就演变成了选拔人才方式的辩论。其实大家明白，高考不改，一切都是瞎折腾。高考的压力不是来自试卷的难易、考试次数的多少，而是优质教育资源的稀缺。只要优质教育资源总是稀缺的，大家在争取稀缺资源的过程中，也会总是压力山大。北大、清华是最稀缺的资源，所以学生想要考北大、清华，压力就很大；而考 985、211 大学压力就相对小一些；如果你只想考一个最普通的大学，像专科、职业技术学院的话，那么你在高中阶段的学习真的无须有太大的压力。如果从这个路径出发思考减负，只有当优质的教育资源不再稀缺，能够满足所有人需求的时候，学生学习的负担才能真正减下来。但是矛盾的是，当优质的资源不再稀缺的时候，这个资源就不再是优势了。看来这是一个不能形成封闭式内循环的路径。

难道我们真的不能够为学生幸福想点儿别的办法了吗？我觉得也不是。面对学习，学生如果能有独立思考的能力，自己想明白了就会学得开心。在学习的过程中，是可以拥有求知本身的快乐和幸福的，这是意识减负。法国著名哲学家卢梭曾指出，教育即生长，生长之外，别无目的。对于这一观点，著名学者周国平认为，我们可以引申出这样的观点：学习的每个阶段都有其不可取代的价值，没有任何一个阶段仅仅是为了下一个阶段做服务或者打基础。读初中为了什么，仅仅是为了考高中吗？如果考不上好的高中，初中读起来就没有意义吗？其实，在任何人的求学过程中，初中本身就是一个精彩的过程，只要经历过就是人生的一笔财富，它是生长的一个阶段、一个过程，其本身就是目的。

如果我们经常对孩子说，你不读好初中就考不上好的高中，以后你就失去很多自主选择的机会。这样孩子在读书时，反而会焦虑，从而不能让自己天生的潜能得到充分发挥，孩子会随着老师和家长的要求，拼命追求身外的分数、名次、名校，这会给自身素养的提升造成很大的阻碍。其实教育是唤醒和点燃，是对内在潜力的挖掘，而不是外在的增加，外在的增加不属于成长，它没有可持续性，如果一味地逼着孩子追求功利的分数，久而久之后孩子会厌学。反之，我们要正确指导孩子过好自己的初中生活，提升孩子的学习品质，让孩子成为一个优秀的学习者，有快乐学习和主动学习的能力，不要时时刻刻逼着孩子考得比别人好，不要逼着孩子一定成功。假如孩子能一直很好地学习并且喜欢学习，这比暂时的考试成功更重要，在面对未来时，孩子也会更有信心。我们可以发现，当我们更多地关注孩子成长，更少关注孩子成功之后，成功往往会成为优秀孩子的副产品。

那么，读高中为了什么？读大学又为了什么呢？其实，我们应该追求的是幸福、优秀。著名学者周国平老师说："看一个孩子将来能不能幸福，现在就可以有一个初步的判断，如果他现在不幸福，现在的生长受到挫折，整天疲于应付功课和考试，没有玩儿的时间，内心很压抑，童年的这种痛苦是会留下阴影的，他以后的幸福就有问题。"这也是我要带给孩子与家长的一段话。我们经常跟孩子们说，读高中不纯粹是为了上大学，上好的大学是优秀高中生的副产品。关注学习的自律，少和他人比成功，孩子会生活的更幸福，未来会更自信。

在为学生减负上，学校能做点儿什么事呢？学校不能改变高考，但学校能改变作业，这是行动减负。减负是学校的事儿、老师的事儿、家长的事儿，归根到底是学生自己的事儿。多少的作业量才是适当的呢？怎样的难度系数才是恰当的呢？各门学科之间的作业量又该怎么去平衡呢？看似简单的问题，放到每一个学生身上就变得复杂了，每个学生都有自己的实际情况，老师又不可能针对每个学生的实际情况去布置作业，老师难道真的没有办法吗？是的，真正有办法的是学生。布置作业是老师的事儿，能做多少作业，做了作业之后能达到怎样的效果，这是学生的事儿。

为了让学生不再纠结于无尽的作业，我们统一规定了学生交作业的时间：每门学科交作业的时间不同，时间到了，该科的作业就上交。在规定的时间内所有孩子要认真作业，如果在规定的时间内，你还不能完成全部作业，说明该作业量超过你的承受范围，你可以上交。接着去完成其他学科的作业。不必纠结，更不必为了应付而抄袭。所以，我会跟孩子们说："只要你努力了，时间到了，就意味着你所有的作业都完成了。下课了，该休息就休息；就寝了，该睡觉就睡觉，不必多思，不必多虑。"虽然孩子们有许多不同，但时间是相同的。只要孩子们把有限的时间真正用好了，也对得起该学科的作业了。减负就要抓住时间，抓住公平的时间，校长是可以在这一层面帮上孩子们的。

教育的目的是要让受教育者摆脱现实的奴役，而不是单纯的适应现实。对于现实，一个素质优秀的人不应是被动的适应，而是能够做出积极的反应，从而改变现实。

老师最好

有校友给学校赞助了一些石头，共有 9 组，它们是点缀校园的一道亮丽景观。如何能让"亮丽的景观"变得鲜活？大家都觉得应该在石头上留下一些有意义的文字。

经过充分酝酿和讨论后，我们选择了具有代表性的 8 条名言，每条名言都代表一条教育原则，罗列如下：

1. 孔丘"不愤不启，不悱不发"体现了教学的启发性原则；

2. 毛泽东"精通的目的全在于应用"体现了理论与实际相结合原则；

3. 周敦颐"文所以载道也"体现了教学科学性和思想性统一的原则；

4. 夸美纽斯"一切事物都应该尽量放到感官面前"体现了教学的直观性原则；

5. 荀子"不积小流无以成江海"体现了循序渐进原则；

6. 乌申斯基"复习是学习之母"体现了教学的巩固性原则；

7. 第斯多惠"学生的发展水平是教学的出发点"体现了教学的发展性原则；

8. 陶行知"立脚点上求平等，于出头处谋自由"体现了因材施教原则。

当大家为 8 条教学原则选好内涵相一致的 8 条名句而感到轻松时，才发现犯难的事儿已经等在后面了。

第一块石头上写什么才能统领这 8 条名言呢？有人建议直接写教学八原则，但马上有人反对，认为这有点儿浪费这一块儿石头了；也有人建议写"一切为学生的发展奠基"，说这是学校一直坚持的理念，但马上有人反对，说这句话已经写在学校最显眼的图书综合楼的墙面上了，不必再重复；也有人提议写"良好的师生关系是最好的教育",因为这句话学校经常说,大家觉得不错,但雕刻师傅说,这句话字太多、字号太小,放在前面不适合。大家一直讨论、思考,很难定夺。我也在想,教也好,学也罢,究竟谁最好?

清华校长梅贻琦曾说:"所谓大学者,非谓有大楼之谓也,有大师之谓也。"所以,我觉得写"教师最好"就很好,于是大家再一次进行了讨论。

有人说"教师最好"这句话太霸气了,特别是"最"字,彰显着满满的霸气,有点儿不合适。说真的,我还真的没有体会到霸气,只是想到了教育应该有的底气。其实,如果真的有霸气,我们就为老师霸气一回又如何?

还有位很有情怀的老师问我"教师最好"这句话什么意思?我反过来问他觉得这句话是什么意思?他说只有对学生最好的老师才算是最好。我说"老师最好"这四个字,是不是就成了一面镜子了呢?它照出了每个人的纯洁心灵。

我想说,之所以用"老师最好",是因为我真的觉得老师最好,在学校服务里,老师是第一的,校长服务老师,老师服务学生,老师起着服务纽带的作用,只有老师好才是真的好。教我的老师很好,我的同事们也很好。许多人都说一个好校长就代表一所好学校,我总觉得一个好的老师团队才能真正成就一所好学校。一位教育名家说过,一个学校真正的水平,一定是教师团队的平均水平。只有校长是一位好老师,我们才能认可一个好校长就是一所好学校。

有一位老校友来访,看到"教师最好"时,颇有感慨地说:"真的是老师最好,这么多年过去了,老师的举手投足、一言一行,总会令学生记忆犹新,我们班主任一直说的是:对人要好。这句话一直回响在耳畔。"

家长说"老师最好",这不仅是称赞老师对自己的孩子最好,而是这个老师对大家很好;领导说"老师最好",是让老师做最好的自己,成就他人、成就学校,也成就社会,勉励老师为他人、也为社会做出了最大的贡献。

还有一位朋友跟我开玩笑说,当然老师最好,因为迄今为止,我们小县城所有老师的工资都是不低于公务员的,你说老师还不是最好的吗?确实,全社会都关注老师。领导关怀老师,老师爱护孩子,孩子创造未来,不最好都难。我希望老师做最好的自己，培育最好的学生，成就最好的学校。"老师最好"是精气神儿，希望这种精气神儿能在五中落地生根。

"老师最好"是一面镜子，照出的是纯洁的心灵。

"老师最好"是一道风景，一道值得驻足观望、细细思考的校园风景。

行动与期待

——读《致加西亚的信》

以前读过《致加西亚的信》，再读则是因为校长读书会，书的力量让我想写点儿感受。

再忙也要有一颗宁静的心来欣赏风景。

图书第二十页："尽管我充分认识到，我肩负的使命所要求的严峻性和重要性，我还是被眼前迷人的热带风光所吸引，这里的夜晚景色和白天一样美丽，所不同的是，白天是一个植物王国，而黑夜则是引人注目的飞翔着的昆虫帝国。（大家应该感受过，夏天傍晚乡村公路行车，灯光被飞虫所包围的情景，如果你的车是敞篷的，与罗文的环境相似。）当夕阳已近，黑夜完全来临以后，萤火虫闪烁着磷光，整个森林被他们奇异的美丽光芒所装点。当我穿过森林，看到如此壮观的萤火虫，放射着炙热的光芒，觉得自己仿佛置身于一个仙境。"

图书第二十三页："炽热的热带阳光几乎是直接把我从石头垫子上揪了出来，但还是古巴人弄醒我的，他们用他们颇感自豪的英语问候我：'早安，罗文先生！'这太阳整个一天都是壮丽的，牙买加全部是通红的，像一颗巨大的红宝石嵌在翡翠绿的托盘上。"

肩负着两国人民的未来，这一刻不知道下一刻的处境，时时命悬一线。罗文没有被重任压倒，而是越危险，越保持着一颗宁静的心，来欣赏当下。

"不是风动，不是幡动，是心动"，有时候人们忙忙碌碌，消解了人生的很多美好和幸福。走在路上，我总能看到校园未修剪的乔木和灌木；看到大片大片未清除的杂草；看到学生偶尔没有扔进垃圾桶的，会刺痛我双眼的一片垃圾；看到被丢在柏油路上的，一张会占据我心灵空间的脏纸巾。也许我该放下忙碌，放下我那颗并不宁静的心。

我可以向年轻人学习。复学后，班主任不可谓不忙：线上线下教学的衔接；学生来到学校的各种安排：怎么吃饭、怎么走路、怎么上课、怎么下课、怎么睡觉、怎么开窗通风、怎么消毒等，诸多事宜都需要一一落实。前天中午从食堂出来时，我碰到一位年轻的班主任甚是开心地流连于天天走过的小径。她并没有化妆，也没有穿着精心打理的衣服，而且脚上穿的还是陪学生跑步的运动鞋。但她的微笑却发自内心，她高兴地给我看了她随手拍的照片：花儿在怒放，她说真美丽；绿叶在蓬勃，她说真有活力。她还告诉我说，池塘里的睡莲真漂亮，每天都不一样。其实，最美的风景一直就在身边，就在眼前。

其实，这条路我们每天都会走。关于睡莲，我担心它有没有被鱼吃掉；关于校园内乔木灌木草皮，我一概只考虑它们的绿化管理。是的，守土一方，校长有太大的责任，有太多的忙碌。但是今天，在加西亚的信中，英雄的罗文告诉我们：再忙也要有一颗宁静的心。不为别的，只为身体和灵魂，二者总有一个要在路上。

忠诚于目标，抛弃现实中的忧虑。

罗文此行的目标，是把信成功地送给加西亚将军。图书第二十八页："带着一种自豪，我想到我自己所担负的使命。这个使命可以通过找到加西亚将军帮助这些致力于自由事业的人民，同时，也可以有助于我们自己的军队打有准备之仗。"罗文中尉做着无比有意义、无比崇高的事，没有比这更重要的目标，没有比这更令人兴奋的任务，他怎能不执着？

图书第四十三页："我们每个人都需要罗文中尉的这种崇高精神，对于上级交代的任务：能够立即采取行动，不折不扣地执行。这种自动自发与忠诚——我再次强调罗文中尉的自动自发与忠诚——正是我们迫切需要的。"

每天，我们都执着于我们的大目标：执行党的教育政策，办人民满意的教育。丰富"学在兰溪"的教育内涵，努力提升教育教学质量。力争总人数超1000，过一个幸福快乐的暑假……是的，没有大家哪有小家，没有集体何谈个人。北宋张载说："为天地立心，为生民立命，为往圣继绝学，为万世开太平。"读书人肩负崇高使命，而校长职责更至高无上。

罗文中尉 4 月 8 日午夜 12：01 坐火车出发，经历了一段段不同的旅程，诸如坐火车、乘轮船、坐马车、划帆船、骑马等，当然更多的是跌跌撞撞的步行。罗文中尉忠诚地完成了一个个不同的小目标，最终把信送给了加西亚将军。

"坐船时，一群开心鬼给我取了一个绰号——骗子，第二个马车夫和第一个一样是个'聋子'"就这样，加西亚送信之旅第一程就告了一个段落。图书第三十四页说："这漫长而充满惊险的折磨人的旅程结束了，他有过失败的可能，他有过和死神擦肩而过的险情，但一切都过去了。他成功了。"

一切忧虑都没有变成现实。

最近，有一位班主任跟我说她压力很大，我问她担心什么，她说她担心孩子们两个月之后能不能考好，班级的目标能不能完成。

确实，我们的老师像罗文一样担负着使命，但他们能不能像罗文一样放下焦虑去完成自己的使命呢？为了缓解她的焦虑，我建议她把目标化整为零。

她说她从早上 6：00 到晚上 10：30 一直在学校，除了吃饭、中午休息外，她都在办公室，一直在备课、上课、改批作业、辅导、检测、反馈。按说应该没啥遗憾的了，可她说她还想在办公室里聊会儿天，其实聊天能多久？她不知道。我让她第二天试试记录一下，因为人的恐惧往往来自不知道。

最后我了解到，她既没有与他们班可能上目标线的学生谈话，也没有进行面批、面改，一天下来，她几乎没有在这上面花时间，可她却说她时时刻刻都在想这些学生。我建议从现在开始，她要记录一下用在上目标线学生身上的时间，要把需要辅导的学生辅导了，要把学生不懂的知识点真正搞懂了，只有完成一个一个小目标了，解决一个一个学生的问题了，压在她身上的巨大目标也就化整为零了，那样她每天才会有新鲜的感觉和快乐的滋味。

复学后，有备课组长跟我说很担心前期的网课的教学效果差。其实我们也是化整为零，分成三步走，即分步检测、精准了解、课堂补充。只要完成了这三个步骤，大家也就无须再担心网课的教学效果了。

图书第四十九页这样写道："我从来都不允许抱怨，我的人生准则就是你拥有了一份工作，你就得为这份工作全力以赴。"图书第五十五页说："成功是因为你一定要成功。走向成功是因为你选择了不让生活选择你的选择。"

最后我想说，所有的罗文都在期待着加西亚将军的回信，更期待着美国总统威廉·麦金莱的公开信。之所以有罗文，不仅在于有任务以及出色的完成，更在于有支持和关注。

三谣记

面临大事儿、难事儿时，"不造谣、不信谣、不传谣"成了热词。可在平时却并非如此。

记得在为"五中十德"网络投票的时候，有两项内容家长和学生的投票差异特别大。它们分别是"不沉迷网络"和"明辨是非不乱传"。在投票中，我们可以看出孩子对网络的自信，面对"明辨是非不乱传"有着天生的担忧，而成人却对"明辨是非不乱传"明显重视不够。其实在大事儿、难事儿来临时，人们的自然反应就是风声鹤唳、草木皆兵。什么是谣言？怎么判断是不是谣言？怎么做到"不造谣、不传谣、不信谣"呢？

"新冠"肆虐之际，更是满城风雨。官方媒体在有了直击疫情报道的同时，也动用了大量的时间进行了辟谣。

自古捕风捉影者有之，道听途说者有之，而自媒体时代更易产生造谣、信谣、传谣者。每当大事难事来临，人们惊慌失措之时，便滋生了造谣者之土壤、信谣者之理由、传谣者之路径。试看造谣者、信谣者、传谣者的人生百态、各具心理便知。其实，造谣者寥寥无几，可信谣者却比比皆是，而传谣者则弹指间就成千累万。

为什么造谣者少呢？无风要起浪很难，捕风要捉影也不容易，造谣要担责，这很清晰。造谣相对信谣、传谣而言，难度大且风险高，但总有一些人会去造谣。

其中有别有用心者。赵高试图谋朝篡位时，为了试验朝廷中有哪些大臣顺从他的意愿，特地呈上一只鹿给秦二世，并说这是马。秦二世不信，赵高便借故问各位大臣，不敢逆赵高意的大臣都说是马，而敢于反对赵高的人则说是鹿。赵高因别有用心而制造了群体谣言，但在当今社会，赵高之流少之又少。

即使没有赵高的别有用心，但在造谣者中不乏利欲熏心者。当然也不排除疾恶如仇者、受人指使者、麻木不仁者等。从历往的实际情况看，造谣者还是少之又少。

那么为什么我们会感觉谣言铺天盖地呢？那就是传谣者弹指一挥间的事儿，谣言在无知好事者中易传。小时候我们喜欢看变魔术，长大后更爱看魔术。明知是假，但就是爱看。因为不知道，所以爱看；因为不知道，所以就觉得很神奇，以致口口相传。

定力不坚者易传。疫情期间的谣言，往往都有华丽的外衣，诸如某某药物有疗效、某某偏方能疗愈、某某地方有物资，等等。为己利，定力不坚者觉得自然传播。当然易传原因还有很多：目光短浅者，为了当下利益易传；犹豫不决者，希望听到别人的意见易传；畏惧恐慌者，为消除自己的恐惧，想把冷清的场面变得热闹惧而易传；面对大灾时，麻木不仁者看归看、说归说、做归做，易传；以及如今信息传播方便，传播者很难被追责等都是其原因。

面对谣言该如何自处？自是不必多言。关键是怎么区分真假。相信主流媒体、相信政府公告，这一定错不了。但是除了主流媒体，以及政府发布的消息之外，你一定还会接触到其他更多的消息来源，一旦接触了，你就需要去判断其真伪。其实，真真假假尽在内心，心不惊、心不慌、心不虚，多问几个为什么，多问几个怎么办，谣言自然不攻自破。以浙江卫视2月10日《捉谣记》所播谣言为例：

第一，吃猪肉会传染新冠肺炎病毒。那猪肉又为什么会传染新冠肺炎病毒？是猪也感染了新冠肺炎吗？如果猪有了新冠肺炎、猪流感、禽流感等疾病，我们很容易就知道，因为媒体一定会报道。猪肉应该如何吃？我们会知道要高温煮熟吃，这样自然应该就没什么问题了。其实多问一个为什么，多问一个怎么办就能解决问题。如果内心惊慌，看到谣言就会乱信、乱传。

第二，温州瑞安有一女子在医院确诊后离开。既然瑞安女子确诊得了新冠肺炎，为什么要离开医院？她不要命了吗？其实，她完全没有离开的理由。既然新闻都说这个人离开了会怎么办？在当前的形势下，一定会有人去办，也一定会办好。这种流言自然不必信，也不可信，更不值得传。事实上那个女子并非新冠肺炎患者，只是去了医院。造谣者已被公安机关审查，这是典型的制造社会恐慌。

第三，可以通过防水与否检查口罩的真伪。因为口罩是用来防风、防尘、防细菌、防病毒的，怎么变成防水了呢？如果连水都不进，那么空气怎么进来？当然，通过正规的渠道采购才是最好的。鉴定口罩真伪的方法很多，这种谣言无须信。后来报道说，经确定这种方法是伪科学。

第四，温州瑞安顺丰快递4人被确诊。是真的吗？如果是真的，工人、农民、快递员、保安的病情要紧吗？有人说要紧，于是提醒大家接收快递要小心。怎么小心呢？就是要尽量少买，对收到的快递要消毒。其实疫情期间大家不就这样做了吗？不管真假都不要传，传了也没什么意义。

既然只能宅在家里，就要宅得开心、宅得坚定，不造谣、不信谣、不传谣，这才是你之幸、我之幸、国之幸。

献给自己的阅读日

书籍在我小时候是很匮乏的资源，由于儿时没有接触书籍的机会，我的阅读很少。上学了，自己又不喜欢被囿于教室。记得第一天上学，我是被妈妈和我的小叔"押着"去的学校。后来，或许因为一起玩耍的小伙伴都已经在学校了，所以我也只好坚持待在学校。

我所读的那所小学很小，更像是一个教室，因为这里除了一间教室，只剩另一间教室，除了课本、教本，再没有其他可供阅读的课外书籍；除了几个身兼数职的教师，就只剩下学生。小学5年，我所有的阅读都来自课本，我认识了一些字，知道了加、减、乘、除。说真的，此前除了连环画，我从没看过书。此时，因为书籍弥足珍贵，我身边所有人的都告诉我要好好读书。

后来我读了初中，离家挺远。在父母眼中，我是懂事的孩子，我关注更多的是怎么样听老师讲课、怎么样考试、怎么样才能有更高的分数。我去过书店几次，买回的只是用来做题的书，而非用来阅读的。老师也经常说："要买有用的书，不要买小说。"其实，父母给的钱也不够我去买"无用之书"。印象最深的是初一结束的那年暑假，我"读"了两本厚厚的理化习题书，在回校后第一次考试时，我化学得了97分，物理竟然得了满分，当时我就深深"理解"了读书的意义。现在看着铺天盖地的教辅，我知道这些书的确对孩子们有用，但又担心这些教辅书籍会让他们离自己喜欢的经典书籍越来越远。其实无用之用，常常实为大用。

到了高中，我的阅读兴趣基本上没有太大的变化。这时我接触了一些书，也看了一些书。那时候印象最深的是老师围追堵截孩子们看言情和武打小说的情景。现在想想，当时老师们讲的更多的是课本知识，要求更多的是成绩。很少有老师讲课本之外的政治学、经济学、哲学、社会学、心理学、天文学、文学等领域的知识，老师们很少去激发孩子们积极阅读教本之外书籍的欲望。在社会教育层面，当时我们会看到很多言情和武打方面的精彩电视剧。在那个时候，至少我有很多的理由只读老师教的书。不知今天的我们是否还在重复昨天的故事，不知围追堵截手机的场景还要上演多久？

大学才是真正读书的地方，这里不仅有书、有时间，更重要的是还有为你开启新世界的引路人。所有的大学老师都有自己的研究领域，都会在课堂上就自己研究的领域进行"海阔天空"地宣讲，学生也非常希望老师的课堂充满趣味，甚至天马行空。而课本外的经典，也总能让人流连忘返。老师课堂里讲了一点点的鲁迅、许广平，徐志摩、林徽因和陆小曼，许慎的《说文解字》、刘勰的《文心雕龙》等，我们就会多一些阅读的动力；听说了亚当·斯密，便想看看《国富论》；听说了《理想国》，就想了解柏拉图，还想了解"免费最贵""存在即被感知"等。如果大学时自己没有好好读书，我们一定得怪自己。遗憾的是我只读了两年专科，怪时间太短，叹书海无涯。现在想想，要想走近自己喜欢的经典世界，每个人都应该有一段长长的铺垫之路。大学时我虽然读了一些书，但却没有留下与经典交流的幸福回忆。

毕业后，我开始了执教生涯，发现教书比读书忙得多。备课、上课、批改、辅导、检测、反馈，如果每一步都认真做，真的够你"喝一壶"了。正如苏霍姆林斯基所说"一辈子只为备一节课"。我们总会觉得备课很漫长。但是再读苏霍姆林斯基的经典著作时，你会发现，真正的精彩课堂不是咬着笔在前一天刚备出来的。我们阅读经典不是因为经典的"名声在外"，而是为了与智者交流更多，为了能解决生活的小小困惑。在阅读中，伟人的智慧会在不经意间根深蒂固地侵占你的意志，并且从此使你心甘情愿、信心满怀。

在阅读世界里的每一次出发，都是在为语文教学积极备课。与伟人的交流，与经典的接触，有时间的节点，有环境的影响，往往琢磨不透的，会在不经意间彻悟；刻意不如会意，不经意间也能绿树成荫。但有一点不可改变，是应该看着、读着、想着、感觉着、积累着、领悟着，最后才是幸福着。

执教 20 多年来，我似乎有更多可以不看书、不阅读的理由了。但当人哀叹自己快老的时候，往往会有越来越多的困惑，也会有越来越多的时间，有越来越广的空间为自己创造条件解惑。每一次阅读之后的解惑，我最大的感觉就是，它是一种新的人生，新的享受。四十不惑甚幸，四十而惑，我们就要想到成功的人，想到智者，想到阅读过的经典作品。其实所有的经典作品都在非常主动和积极地等待能够赏识它们的读者。每一位智者，每一部经典的著作都会等待读者几十年，甚至成百上千年。先知早已用智慧的文字，为你的困惑做出了最主动和最积极的回应。

阅读起初为了有用，次之为了解惑，再次一定是不为有用只为无用了。开始为了有用读于漪、魏书生、李希贵、李镇西，但马上发现他们有许多好朋友，如陶行知、蔡元培、胡适、王国维等，他们还有好多身边的成功者，如夸美纽斯、威廉·詹姆斯、苏霍姆林斯基、布鲁纳、杜威等，此外还有很多他们仰慕的智者，如孔子、王阳明、曾国藩、苏格拉底、亚里士多德，叔本华、弗洛伊德、海德格尔、亚当·斯密等。只要从心出发，每个人都会沉浸在阅读的世界里，流连于瑰丽的文化宝库中，只怨时间太短，周边环境太嘈杂。其实宁静与孤独才是阅读最好的朋友。

关注你所能了解到的成功人，阅读他们对人生经验总结的著作，你会发现：成功的人表面享受独处，其实他们有很多的朋友，虽然少有把酒言欢，少有促膝交流，但却能跨越时空，时时关注、深深交流。

阅读有阅读的意义，生命有生命的意义，别让阅读不堪重负。阅读有用为当下，阅读无用为大用。

在家真不易　不易须在家

习惯于日出而作、日落而息的人们，现在要求你日出在家、日落还在家真不易；习惯于起得比鸡早、睡得比狗晚的人们，现在要求你早上睡、中午睡、下午睡、晚上还得睡真不易；习惯于白天在外唾沫横飞、"指点江山"，夜晚回家衣来伸手、饭来张口的人们，现在要求你静待家中，甚至接受老婆大人的训导真不易；习惯于周一到周五上班，周六保证不休息，周日休息不保证的人们，现在当大家问你今天周几时，你一时半会儿已答不上来了，这样的日子真不易。

第一，为什么不易呢？因为改变，所以不易。是什么变了呢？日出、日落没有变，但自己的作息规律变了；早上、中午、晚上的时间没有变，但自己做的事情变了；你周围的同事待在家里没有变，你要"指点江山"，你要唾沫横飞，没人听你说话了；人家都戴口罩了，甚至都待在家里了，人家没有变，但是属于你的环境变了；一周 7 天的规律没有变，但是你变得空了，变得不需要上班了。大家经常说日新月异、与时俱进，我们要适应新环境。新环境突然来临了，我们在想什么呢？其实变化是必然的，不变才是偶然的。最需要变的其实是自己。

第二，为什么不易呢？因为无法接受改变，所以不易。人总是生活在习惯中，生活在故事里。我们认为日出而作、日落而息是我们的习惯；我们会说，每天的劳作就是创造社会财富，不劳动会变成不劳而获的寄生虫；我们聆听着开天辟地的神话，演绎着创造者的故事，在精神的高地进行着日复一日的劳动。现在突然成了在家待着也是为国家做贡献了，因为突然，所以我们无法接受。我们无法接受自己习惯的改变，因为我们总认为自己处在精神的高地，总认为自己的习惯是如此伟大。殊不知苏霍姆林斯基曾说，一条真理在今天是真理，在明天就可能不是真理，在今后可能会成为谬误。马克思也告诉我们，真理是向前发展的。许多的伟人都告诉过我们，只有向内革命的人才是真正伟大的人。改变自己，要先从改变自己的习惯开始。彻底改变外界为天下百姓所接受的是王者，改变内在让外在的一切为内在所服务的是圣人。当我们看清了事情的真相，接受了这些改变后，我们就会很容易做到改变。

第三，为什么不易呢？因为自己不想改变，所以不易。为什么不想改变呢，因为大家只知道怎么样，而没有想清楚为什么这样。幸福总是由内产生的。当报纸、电视、微信都在铺天盖地宣传"不出门是对祖国最大的贡献，待在家是对祖国最深的爱""你的理解和配合是给政府最大的鼓励和支持"时，当所有的路口都设卡时，作为能够闲在家里的人，我们要知道，媒体的宣传不是想让你知道能否出门，而是要让你想想为什么要待在家不出门。有人说，政府要我做我就做；有人说，别人让我做我就做；甚至有人说，别人不做我也不做。因为没想明白为什么，所以拜年的、散步的、聊天的大有人在，甚至聚众赌博都时有发生。

第四，为什么要待在家里呢？因为待在家里就能为国家做贡献。为什么待在家里能为国家做贡献呢？因为你就是国家最宝贵的财富，人人都是国家最宝贵的财富。外面的环境很糟糕，充斥着病毒，病毒不长眼，对任何人都一样。待在家里既能保护自己，也能保护家人。人都是有利己心的，待在家里，不仅能利己而且还能利他。特殊时期待在家里，就是给社会方便，给政府方便，给他人方便，就是利他。利他，就意味着你把他人、把社会、把国家和民族放进了心里，这是你的包容心；一直待在家里直到警报解除为止，这是你的坚持心，也就是恒心；你幸福地待在家里，悦纳了家人，这是你的爱心。当一个人有爱心、有包容心，又能够坚持的时候，自己不幸福，不强大都很难。不是你畏惧困难，而是困难没有了。

虽然在家真不易，但不易也须在家。

在家真不易　不易须珍惜

面对突如其来的疫情，有了长长的春假，更有了长长的寒假，大家待在家里时，有的人手足无措，把生活稀里糊涂熬成了一锅粥；有的人漫无目的、无计可施，生活也慢慢变成了无奈；有的人羡慕他人用己所长奋战在一线帮助国家与社会，而自己却成了刷屏一族；当然也有许多人做好了自己，精进了人生，不给国家添乱，不给自己添累。面对突发事件，他们能理顺生活、厘清思路，静待春暖花开；他们调整自己，不累社会；他们关注社会，不累自己。那珍惜当下的人们拥有怎样的心态呢？

第一，珍惜当下，需有一颗阳光的心。面对突如其来的疫情，面对国家提出的居家配合要求，悲观的人像月亮，初一、十五不一样，一日三餐情绪渐低；乐观的人却像太阳，照到哪里哪里亮，一日三餐也好，三餐之后也罢，都能安排好自己的生活，总能控制好生活的节奏。面对越来越严峻的防控要求，他们有越来越乐观的心，信心赛黄金，乐观比什么都重要。

大家一起看看下面这个故事，应该会有感触：国王出外打猎时不小心弄断了一截手指，问身边的大臣该怎么办。大臣甲带着乐观的口气说："这是好事儿！"国王闻言大怒怪他幸灾乐祸，将他关入大牢。一年后，国王再次出外打猎，被当地民众活捉，绑上祭坛，准备祭神。巫师突然发现国王少了一截手指，认为这是不完整的祭品，就将他释放，改以国王随行的大臣献祭。国王庆幸之余，想起了牢中的大臣甲，就立刻将他释放，并对他无故受了一年的牢狱之灾致歉。大臣甲却说："一年的牢狱之灾也是好事儿，如果我不是坐牢，试想陪陛下出猎而被送上祭祀台的大臣又会是谁呢？"这个故事稍微有些沉重，但其中蕴含了"祸兮福所伏"这个道理。面对疫情，待在家里，坚守自己，守住阳光的心，定能等到春暖花开。

其实每一个人遇事都有不同的反应，有的人乐观，有的人悲观。乐观的都往好处想，都持乐观的看法；悲观的人都往坏处想。其实，世界上没有绝对的乐观，也没有绝对的悲观。乐观、悲观当然都有外在的原因，但多数都是自己创造出来的，特别是守在家里的那段时期，心态是否阳光就决定了当下的所有。海伦凯勒曾说，面对阳光，你就会看不到阴影。

第二，珍惜当下，需有一颗耐烦的心。为什么会感觉生活乱如麻呢？为什么会感觉烦恼呢？是因为我们没有耐烦的心。吃了睡、睡了吃，烦；今天待在这儿，明天待在这儿，前一小时待在这儿，后一小时还待在这儿，烦。但是如果不吃，你就要耐得住饿；如果不睡，你就要耐得住醒；如果不待在家里，你就要耐得住忙。其实，社会时时刻刻都在考验一个人是否有耐力。所以，各位朋友，待在家里时，如果你能耐得住家里的烦，耐得住当下的烦，你就很不一般。

第三，珍惜当下，需有一颗自制的心。一觉醒来，假期多了 10 天；又一觉醒来，假期又多了 15 天。开始时，喜悦的心随假期而来；慢慢地，疲惫的心也随假期而来。面对假期，我们悲喜无法自制。待在家里不开心时，想想是谁让我们不开心？其实除了家人就是自己了，家人一定都希望你开心，正如你一定希望家人开心一样。如此看来，不正是自己让自己不开心了吗？让自己烦恼的人往往就是我们自己。或许你不相信，其实没有自制力的人，才经常会成为自己的敌人：我懒惰，懒惰就是我的敌人；我怨恨，怨恨就是我的敌人；我自私，自私就是我的敌人；我虚假，虚假就是我的敌人。一个人若不重情义，朋友都是我们的敌人；一个人若利益不能分享，亲人眷属也是我们的敌人；一个人不照顾家庭，家人也会是我们的敌人。看来，不自制就是当下最大的敌人。

在家里还要待多少天，一周还是两周？其实没有人会希望更长。我们不能逼国家和政府白纸黑字写下来，越到最后，我们越要战胜自己。如果不能战胜自己，不仅不能为国家做贡献，而且还会给社会添乱。医生很忙，警察很忙，政府公职人员都很忙，我们能做的就是照顾好自己，用最好的时机，去锤炼最好的心态。要拥有一颗自信的心，拥有一颗自制的心，更要拥有一颗耐烦的心，那样我们必将所向披靡，淡泊宁静。

附：十德记

十德记 一

己亥年仲秋，新生周末归，因带行李箱一事与师有议。后深思，乃德育底线之交错。继而师生共创十德之规，望师生一生相守。

十德源自生活，师生共创之时稍有异。面对网络，孩子自信，成人焦急；明辨是非不乱传，孩子视之重，成人视之轻，再异不赘述。

十德来自相融，师生共创之时极一致。善小之不插队，不打断他人说话；善巨之不作弊，不偷窃，不轻生，不做间谍不叛国。再看，喜极。

今聚三千五百人之情，成十德之规，属一家之言，千疮百孔。只愿此之育人之始，望育人之事，能步步为营，层层推进。

十德五中，百年树人，让同情入心，与高贵同行，做要守行动底线，想须望苍穹之巅。

十德记 二

己亥年仲秋某日，新生休假归。于途，师遇某生携箱箧，教之而不得。乃后深思，一旦幡然，乃育人之道相去甚远。继而，师生携创，约为"十德"以录。

"十德"，其为言也，众视之，稍有异。如遇网络，诸生甚喜，自立自信。业不能精，行不能成，过矣。父母、师长遇之，则责之切，患其文不能济于用，修不能显于众，其心也劳。父母、师长之虑，可谓过矣。有若不释然者，此不赘言。于"明辨是非不乱传"者，窃以为诸事须目见耳闻为真。况吾智不及父母、师长，诸事尚不能辨，故莫能知。

"十德"，其为善也，众视之，极得其心。若"善小之不插队""善小之懂得倾听""善大之不作弊、不偷窃""善大之不轻生""善大之不做间谍不叛国"云云，非虚言也。孔子曰："导之以德，齐之以礼，有耻且格。"信哉是言也。德者治之具，乃治清浊之源。有德者，常思奋不顾身，以徇国家之急，素所自树立使然也。诸生识之，殆与余同，故言之不详。

今穷究"三爱三立"之说，顾自述三千五百人之意，成十德之规。实属一家之言，略陈固陋。谨愿此乃育人之始，望成育人之事。

十德五中，百年树人。让同情入心，携高贵同行，正心诚意，同望苍穹之巅。

后 记

感谢李益民局长。他说，校长要写点东西，不仅是为了留名，更是为了学以致用，为了批判性思维，为了形成教育的共鸣。

感谢家人。家有阅读的氛围，留给我写的时间。孩子也好，妻子也好，读后常细说交流，家人关注是最好的营养剂。

感谢所有的同事。是你们让我感动于每一次的合作，渴望参与每一天的工作。

感谢语文组年轻教师给《强强谈教育》做的每一次校对。还要特别感谢远在温州（瑞安市第八中学）的叶楠老师，从手记开篇至今三年多，从不间断，为我编辑。

我也感谢我自己。《强强谈教育》始于空闲的寒假，坚持于行动的兴奋。